桥梁史话

茅以升 著

北京出版集团
北京出版社

图书在版编目（CIP）数据

桥梁史话 / 茅以升著. — 北京：北京出版社，
2021.4

（大家小书：青春版）

ISBN 978-7-200-15671-3

Ⅰ. ①桥… Ⅱ. ①茅… Ⅲ. ①桥—史料—中国—古代
—青少年读物 Ⅳ. ① U44-092

中国版本图书馆 CIP 数据核字（2020）第 115802 号

总策划：安东 高立志 责任编辑：王忠波

·大家小书青春版·

桥梁史话

QIAOLIANG SHIHUA

茅以升 著

出 版	北京出版集团
	北京出版社
地 址	北京北三环中路 6 号
邮 编	100120
网 址	www.bph.com.cn
总 发 行	北京出版集团
印 刷	北京华联印刷有限公司
经 销	新华书店
开 本	880 毫米 ×1230 毫米 1/32
印 张	10.375
字 数	193 千字
版 次	2021 年 4 月第 1 版
印 次	2021 年 4 月第 1 次印刷
书 号	ISBN 978-7-200-15671-3
定 价	39.90 元

如有印装质量问题，由本社负责调换
质量监督电话 010-58572393

总　序

袁行霈

　　"大家小书"，是一个很俏皮的名称。此所谓"大家"，包括两方面的含义：一、书的作者是大家；二、书是写给大家看的，是大家的读物。所谓"小书"者，只是就其篇幅而言，篇幅显得小一些罢了。若论学术性则不但不轻，有些倒是相当重。其实，篇幅大小也是相对的，一部书十万字，在今天的印刷条件下，似乎算小书，若在老子、孔子的时代，又何尝就小呢？

　　编辑这套丛书，有一个用意就是节省读者的时间，让读者在较短的时间内获得较多的知识。在信息爆炸的时代，人们要学的东西太多了。补习，遂成为经常的需要。如果不善于补习，东抓一把，西抓一把，今天补这，明天补那，效果未必很好。如果把读书当成吃补药，还会失去读书时应有的那份从容和快乐。这套丛书每本的篇幅都小，读者即使细细地阅读慢慢地体味，也花不了多少时间，可以充分享受读书的乐趣。如果把它们当成补药来吃也行，剂量小，吃起来方便，消化起来也容易。

我们还有一个用意，就是想做一点文化积累的工作。把那些经过时间考验的、读者认同的著作，搜集到一起印刷出版，使之不至于泯没。有些书曾经畅销一时，但现在已经不容易得到；有些书当时或许没有引起很多人注意，但时间证明它们价值不菲。这两类书都需要挖掘出来，让它们重现光芒。科技类的图书偏重实用，一过时就不会有太多读者了，除了研究科技史的人还要用到之外。人文科学则不然，有许多书是常读常新的。然而，这套丛书也不都是旧书的重版，我们也想请一些著名的学者新写一些学术性和普及性兼备的小书，以满足读者日益增长的需求。

"大家小书"的开本不大，读者可以揣进衣兜里，随时随地掏出来读上几页。在路边等人的时候，在排队买戏票的时候，在车上、在公园里，都可以读。这样的读者多了，会为社会增添一些文化的色彩和学习的气氛，岂不是一件好事吗？

"大家小书"出版在即，出版社同志命我撰序说明原委。既然这套丛书标示书之小，序言当然也应以短小为宜。该说的都说了，就此搁笔吧。

　　　　　　　　　　　　　　　桥梁史话

片羽千钧
——"大家小书青春版"序

顾德希

片羽千钧，这是十年前我看到"大家小书"系列时的感觉。

一片羽毛，极轻，可内力深厚者却能让它变得异常沉实，甚至有千钧之重。这并非什么特异功能。俗话说得好，小小秤砣压千斤。轻与重的辩证关系，往往正是这样。

这个系列丛书统称"小书"，很有意味。这些书确乎不属于构建出什么严格体系的鸿篇巨制，有的还近乎通俗读物，读起来省劲，多数读者不难看懂。比如费孝通《乡土中国》被选进语文教材，鲜有同学反映过艰深难啃。又如鲁迅的《呐喊》《彷徨》，若让同学们复述一下里面的故事，从来都不算什么难事。不过，若深入追问其中的蕴意，又往往异见颇多，启人深思。这大概恰是"大家小书"的妙处：容易入门，却不会一览无余；禁得起反复读，每读又常有新的发现。作者若非厚积薄发，断不能举重若轻至此。

"大家小书"在出版二百种之际，筹谋推出"青春版"，我觉得很合时宜，是大好事。有志的青年读者，如果想读点有分量的书，那么"大家小书青春版"便提供了极好的选择。这套系列丛书"通识"性强，有文学也有非文学，内容包罗万象，但出自大家笔下，数十百年依然站得住。这样的"通识"读物，很有助于青年读者打好自己的文化底色。底色好，才更能绘出精彩的人生画卷。

　　所谓"通识"，是相对于"专识"而言的。重视系统性很强的专业知识，固然不错，但"通识"不足，势必视野狭窄。人们常说，站得高，才能看得远。而视野开阔，不是无形中就使站位高了许多吗？要读一点鲁迅，也要好好读读老舍，还应当多了解点竺可桢、茅以升的学问，否则吃亏的会是自己。王国维《人间词话》里把"望尽天涯路"视为期于大成者所必经的境界，把看得远与站得高结合了起来。

　　打好文化底色，不能一蹴而就，非假以时日不可。而底色不足，往往无形中会给自己的交往设下诸多限制。孔子说"不学诗，无以言"，指不好好读《诗经》就很难承担诸侯之间的外交使命，在某些场合就不会说话了。文化上的提高亦如是。多读点各方面大家的通俗作品，就如同经常聆听他们娓娓道来。久而久之，自己的文化素养便会提高到相当层次，自己的

　　　　　　　　　　　　桥梁史话

文化品味也会发生变化。读"大家小书青春版"也有类似之处。如果想寻求刺激、噱头，那就可以不读这些"小书"。但如果志存高远，就不妨让这些"小书"伴你终生。

读这些"小书"，忌匆忙。胡乱涂抹是打不好底色的。要培养静心阅读的习惯。静下心读一篇，读几段，想一想，若感到有所获，就试着复述一下。若无所获，不妨放下，改日再读。须知大家厚积薄发之作，必多耐人寻味之处，倘未识得，那是机缘未到。据说近百年前，清华大学成立国学研究院，曹云祥校长请梁启超推荐导师。梁推荐陈寅恪。曹校长问陈先生有什么大著，梁说没有，但梁接着说，我梁某算是著作等身了，但总共著作还不如陈先生寥寥数百字有价值。这个真实的故事，耐人琢磨之处甚多，而对我们怎样读"大家小书青春版"也极有启示。大家笔下的二三百字，往往具有极高价值。但有极高价值的二三百字，却又往往是有人看不出，有人看得出。

相对于鸿篇巨制，这个系列的"小书"，也许是片羽。就每一本"小书"而言，其中的二三百字，更不过是片羽。愿今日有志气的青年读者，不断发现那弥足珍贵的片羽，为自己的人生画卷涂上足够厚重的底色！

2020年10月21日

前　言

许嘉璐

茅以升先生是中外著名的科学家、教育家、社会活动家，是成就卓著的桥梁专家。他自束发就学，便树立了励志强国之心，从此竭其一生的心血和学识献身祖国建设大业。早在20世纪20年代，他怀着报效祖国赤子之心，负笈海外，学成归国。他一生行事严于律己，敢为人先，讲求实效，为新中国的发展与建设，为铁路、教育、科研、科普事业做出了历史性的贡献。

此次出版《桥梁史话》，意在不仅追思茅以升先生为我们留下的不朽业绩，更重温为我们留下的足以传世的宝贵精神财富，希望借此激发更多的后来者以我国老一辈科学家人格魅力和精神风范为楷模，实践科学发展观，以科学世界观和方法论为基石，爱国爱民、严谨求实、执着追求、勇于进取，担负起时代赋予科学家的历史使命。

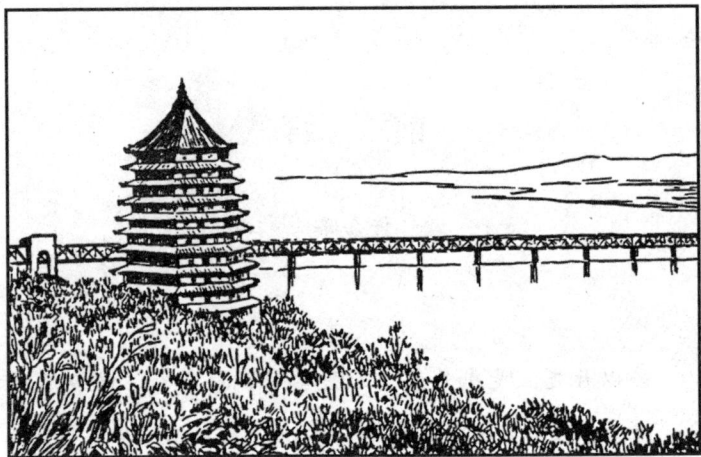

浙江钱塘江大桥

　　我多次到过钱塘江大桥，每次都要驻足，遥瞻凝思。1933年，茅以升先生受命主持修建钱塘江大桥。当时，中国技术落后、人才缺乏，建桥困难重重。但茅先生根据钱塘江的水情、地情创造发明了"射水法""沉箱法""浮运法"等一系列施工方法，终于建成了第一座由中国人自行设计建造的公铁两用现代大桥——钱塘江大桥，而且工期竟缩短了两年半！然而，就在通车仅三个月时，侵华日军接近了桥头，他又含泪亲自启动预先布置好的爆炸器，把桥炸毁。抗战胜利后，他又主持修复了大桥。这传奇般的"一建一炸一复"，充分彰显了中华民族自立于世界民族之林的能力和中国知识分子忠诚于祖国的伟大胸怀。

千百年来，历代人民辛勤而聪慧地在水深风急、波涛激荡的河流上架起了一座座坚固美观的长桥。对我国有记载以来修建的各种桥梁，茅先生做过全面深入的考察和研究。《桥梁史话》收录的都是关于桥梁方面的文章，他娓娓道来，如数家珍，其文笔清新朴实，字里行间，我国古代桥梁悠久的历史、卓越的成就、浓郁的民族特色，以及在世界桥梁史中的崇高地位跃然纸上。

身为著名科学家，茅先生还长期致力于科普工作，共撰写200余篇科普作品和宣传科普工作重要性的文章。他始终认为："一个国家的科学水平不能只看少数科学家，而要提高全民族的科学技术水平，便要十分重视科普工作。"他提出，科学教育要从小开始，不但在课堂，还要在课外，并在日常生活中培养自己爱科学、学科学、用科学。

本书收录的文章，既是科普文章，又是艺术性颇高的学术散文。《没有不能造的桥》获得1981年全国新长征优秀科普作品一等奖；《中国石拱桥》被收入中学课本，作为中学生必读的范文；而《桥话》一文，融科学性和艺术性于一体，受到毛泽东主席高度的赞赏。茅先生是科技专家，在文史方面，在散文写作方面也有很高的造诣，诚为"大家"，今北京出版社"大家小书"系列收入茅先生的这本书，正符合"大家写给大家看的书"的题中之义。

科学需要想象。回顾过往，展望明天，茅先生展开自己想象的翅膀，想象明天的科技发展。40多年前，世界铁路与桥梁技术水平远不如今天，他想象未来的火车每小时能跑200千米以上，从上海到北京的铁路只要六七个钟头就能到达，车中有无线电传真电话设备，可以同全国各地通话。果然，几十年后，时速350千米的京沪高速铁路建成了。他还预言，在亚洲与北美洲相隔85千米宽的白令海峡上，将会架起一座桥，人们可以乘坐汽车周游五大洲。到目前为止，白令海峡大桥还只是个提案，但我国已于2008年建成杭州湾跨海大桥，全长36千米。对科学的信心和科学发展规律的准确把握使他超越眼前，远瞻未来！

茅先生一生架桥无数，他不仅为祖国江河架桥，也为科技与人民架桥，为培养青年工程人才架桥，为海峡两岸科技交流架桥，同时还为自己架设了一座由爱国主义者通向共产主义者的人生之桥。

天堑变通途。行进在大大小小桥梁的人们，会永远记住茅以升先生！

目　录

桥梁史话

桥[①]

俗话说："逢山开路，遇水搭桥。"自古以来，人和自然界的搏斗就免不了要解决人与山河之间的矛盾。从这个意义上说，造桥就是斗争。我和桥打了一辈子的交道，自然而然地对桥产生了深厚的感情，并且是老而弥坚。

地上到处有"堑"。南北朝时，有孔范说"长江天堑，古以为限"（《陈书》），于是"天堑"就成为不可逾越的一个"限"。这是古话。到了新中国，处处启宏图，所谓天堑变成通途了。仅在长江上就先后修起几座巨大的桥，如武汉长江大桥、南京长江大桥。长江上能造桥，其他江河上也造出许多各式各样的桥。它们解决了人与山河的矛盾，使车马行人畅通无阻，大大便利了建设、交通以至观光旅游。而造成的桥，就

---

① 此文发表于《旅游杂志》1984 年 5 月号。

老待在那里，一声不响地为人民服务，不管日里夜里，风里雨里，它总是始终如一地完成任务。久而久之，这种人工产物的桥，竟然与山水无殊，俨然成为自然界的一部分，也成为可与其他新建设媲美的人工景观。

桥的技术、艺术和学术总是逐步发展的。我国的桥在这三方面都有光荣传统，在这基础上吸取现代科学技术成果，中国桥在世界上就别具风格。这表现在新中国的桥梁建设上。武汉长江大桥和南京长江大桥先后建成，都是规模宏伟、气势磅礴，显示出我国桥梁新技术的成就。特别是南京长江大桥，基础深达水下73米，为世上所罕见。四川省丰都县九溪沟石拱桥，跨度为116米，成为今天的世界第一。这都是由于我们社会主义制度的优越性。可以确信，在党的领导下，随着四化建设的发展，我们将造出比跨越天堑的长江大桥更巨大的桥！

我国人民的智慧和力量也充分表现在过去的古桥上。它们有的是在技术上创造了划时代的壮丽结构，如赵州桥的大石拱上开了四个小石拱，形成现代所说"敞肩拱"，比欧洲这种结构早用了700年之久。有的是在艺术上体现出既现实又浪漫的美妙风姿，如北京颐和园的玉带桥。它的石拱作蛋尖形，特别高耸，桥面形成"双向反曲线"与之配合，全桥小巧玲珑，柔和中却寓有刚健，大为湖山增色。有的更是在学术上留传下可

四川丰都九溪沟石拱桥

以发展的科学理论，如很多古老的石拱桥而能胜任现代的繁重运输，就是由于利用了"被动压力"的缘故。就这样，几千年来建造了无数的石桥、木桥和铁索桥。它们随着文化的发展而发展，形成中国文化史上的里程碑。这是指桥的兴建。建成以后，桥就倒过来协同推动经济、文化的前进。历史上桥的作用是值得大书特书的。当然，桥不可能是孤立的，有了桥就有路、有水、有山，更有桥上的行人车马，凑在一起，就演出人间的许多故事，或是历史上的兴亡代谢，或是小说中的离合悲

北京颐和园玉带桥

欢。它们任何时刻的风光景色，都展示出诗情画意，引起人们的遐想深思。

古往今来，桥与山水，桥与园林，桥与历史，桥与人物，桥与文艺，桥与戏剧，桥与绘画，桥与神话等等，都发生着密切的关系。在这里，我仅就桥与山水和园林，简略地说上几句。

山多水多路难修，难处就在桥。从某种意义上说，桥就是路，不过不是躺在地面而是架在空中的路。架空的路当然要比躺在地面的路难修了。其难处是要让下面过水行船。水有浪潮，且有涨落。水大时也要走船，水涨船高，桥面就要更高。不能"路归路，桥归桥"，而要宛转自如地连成一体。近代是在两岸造引桥，把路徐徐地引上桥。古代则是使桥面隆起，形成驼峰，因而广泛采用石拱桥。两山之间的桥，奇峰突起，壁峭涧深，又是一种困难，有时就得用悬索吊桥。桥的构造与样式，真是一言难尽。在名师巨匠手中，争奇斗胜，尽态极妍，终使万水千山路路通，而且所成之桥还为山水增色。山水本来是美的，在我国往往成为风景的代名词，桥在这样的天然图画中，如不能联芳济美，岂非大煞风景。唐杜甫诗"市桥官柳细，江路野梅香"，白居易诗"晴虹桥影出，秋雁橹声来"，宋苏轼诗"弯弯飞桥出，敛敛半月彀"，明王贤诗"横桥远亘如游龙，明珠影落长河中"，王锡衮诗"飞梯何须借鳌背，金绳直嵌山之侧。横空贯索插云蹊，补天绝地真奇绝"等等，从不同侧面、角度描写了各式桥梁与山光水色结为一体的意境。

桥与园林的关系更是极其密切的。我国园林独具风格，园林里的桥也就十分别致。它一般不通车马，但也不仅是为了行人走路，而且还要能点缀风景，为园林平添佳趣。比如园林中小山小水，本不需桥，但作为亭台楼阁的陪衬，或池中倒影的

湖北汀步桥

烘托，就筑造小桥，借景生色。这当然不是什么大块文章。有时不过是一些石块，平落水中，形成一线，使人蹑步而行，这在古时叫"鼋鼍"（《拾遗记》有"鼋鼍以为桥梁"），现今叫汀步桥。有时造成水上游廊，下面是桥，上面盖屋，两旁红栏碧牖，掩映生姿。有时把桥造得很低，几乎与水相平，人行其上，恍同凌波漫步。有时桥呈曲线，甚至七折九转，游人回环其间，引起物换景移之感。有时是一线平桥，或木或石，无栏无柱，简洁大方。有时是桥上有亭，桥下有拱，上面画栋雕

广西桂林花桥

花桥，位于广西桂林七星岩公园进口处，跨漓江支流小东江，原为木桥，明嘉靖十九年（公元1540年）改建为十一孔石拱桥。桥宽6.4米，全长125.2米。其中，跨水四孔，上建廊屋，最大跨径14.57米，最小跨径12.7米；旱桥七孔，跨径3.36~6.47米。"花桥烟雨"为桂林胜景之一。

梁，下面月波荡漾在较大的园林中，气派不同，桥也该显得壮丽，那就另是一番境界了。园林的桥，仪态万千，总要浓淡相宜。宋欧阳修的诗里说"波光柳色碧溟濛，曲渚斜桥画舸通"，这一写照是很中肯的。

桥，可使人们缅怀历史，如泸定桥之与"大渡桥横铁索寒"，卢沟桥之与七七事变，洛阳桥之与明代抗倭，等等。它也使人们联想到文学、诗词、戏剧、绘画等等，其事例更是举不胜举了。

桥，确实是个好东西，为了与人方便，它不但在地上通连道路，而且从各方面弥补缺陷，化理想为现实。我们还有各种广义的桥，船是渡河的桥，火箭是上天的桥，商业是工业和农业的桥。我们的社会主义社会，则是通往共产主义的桥，它将使人类从黑暗过渡到光明，从悲惨世界通向康乐世界。

桥话 ①

最早的桥

人的一生，不知要走过多少桥，在桥上跨过多少山和水。欣赏过多少桥的山光水色，领略过多少桥的画意诗情。无论在政治、经济、科学、文艺等各方面，都可看到各式各样的桥梁作用。为了要发挥这个作用，古今中外在这桥上所费的工夫，可就够多了。大至修成一座桥，小至仅仅为它说说话。大有大用，小有小用，这就是这个《桥话》的缘起。诗话讲诗，史话讲史，一般都无系统，也不预定章节。有用就写，有话就长。桥话也是这样。

---

① 此文发表于《人民日报》1963 年。

首先要说清楚：什么是桥。如果说，能使人过河，从此岸到彼岸的东西就是桥，那么，船也是桥了；能使人越岭，从这山到对山的东西就是桥，那么，直升机也是桥了。船和飞机当然都不是桥，因为桥是固定的，而人在桥上是要走动的。可是，拦河筑坝，坝是固定的，而人又能在坝上走，从此岸走到彼岸，难道坝也是桥吗？不是的，因为桥下还要能过水，要有桥孔。那么，在浅水河里，每隔一步，放下一堆大石块，排成一线，直达对岸，上面走人，下面过水，而石块位置又是固定的，这该是一座桥了（这在古时叫作"鼋鼍以为桥梁"，见《拾遗记》，近代叫作"汀步桥"），然而严格说来，这还不是桥，因为桥面是要连续的，不连续，不成路。但是，过河越谷的水管渠道，虽然具备了上述的桥的条件，而仍然不是桥，这又是何故呢？因为它上面不能行车。这样说来，矿山里运煤的架空栈道，从山顶到平地，上面行车，岂非也是桥吗？然而又不是，因为这种栈道太陡，上面不能走人。说来说去，桥总要是条路，它才能行车走人，不过它不是造在地上而是架在空中的，因而下面就能过水行船。

　　其次，怎样叫早。是自然界历史上的早呢，还是人类历史上的早。是世界各国的早呢，还是仅仅本国的早。所谓早是要有历史记载为根据呢，还是可凭推理来臆断。早是指较大的桥呢，还是包括很小的在内的，比如深山旷野中的一条小溪河上，横跨着一根不太长的石块，算不算呢？也就是说，是指有名的桥呢，还是无名的桥。这样一推敲，也就难落笔了。姑且定个范围，那就是：世界上最初出现的人造的桥，但只指桥的类型而非某一座桥。

在人类历史以前，就有三种桥。一是河边大树，为风吹倒，恰巧横跨河上，形成现代所谓"梁桥"，梁就是跨越的横杆。二是两山间有瀑布，中为石脊所阻，水穿石隙成孔，渐渐扩大，孔上石层，磨成圆形，形成现代所谓"拱桥"，拱就是弯曲的梁。三是一群猴子过河，一个先上树，第二个上去抱着它，第三个又去抱第二个，如此一个个上去连成一长串，将地上猴子甩过河，让尾巴上的猴子，抱住对岸一棵树，这就成为一串"猿桥"，形式上就是现代所谓"悬桥"。梁桥、拱桥和悬桥是桥的三种基本类型，所有千变万化的各种形式，都由此脱胎而来。

因此，世界上最初出现的人造的桥就离不开这三种基本形式。在最小的溪河上，就是单孔的木梁；在浅水而较大的河上，就是以堆石为墩的多孔木梁；在水深而面不太宽的河上，就是单孔的石拱；在水深流急而面又宽的大河上，就是只过人而不行车的悬桥。

应当附带提一下，我国最早的桥在文字上叫作"梁"，而非"桥"。《诗经》"亲迎于渭，造舟为梁"，这里的梁，就是浮桥，是用船编成的，上面可以行车。这样说来，在历史记载上，我国最早的桥，就是浮桥，在这以前的"杠""榷""彴""圮"等，都不能算是桥。

浙江龙游虎头山浮桥

古桥今用

古代建筑，只要能保存到今天，总有用。也许是能像古时一样地用它，如同四川都江堰；也许不能完全像古时那样地来用它，如同北京故宫；也许它本身还有用，但现在却完全不需要了，如同万里长城。更多的是，它虽还有小用，但已不起作用，如果还有历史价值，那就只有展览之用了。古桥也是这样，各种用法都有，不过专为展览用的却很少。要么就是完全被荒废了，要么就是经过加固，而被充分大用起来。值得提出的是，有一些古桥，并未经过改变，"原封不动"，但却能满足今天的需要，担负起繁忙的运输任务。这是中国桥梁技术的一个特点。不用说，这种古桥当然是用石头造起来的。

在抗日战争时期，大量物资撤退到后方，所经公路，"技术标准"都不是很高的，路线上常有未经加固的古桥。但是，撤退的重车，却能安然通过，起初还限制行车速度，后来就连速度也放宽了。古桥是凭经验造起来的，当然没有什么技术设计。奇怪的是，如果用今天的设计准则，去验算这些古桥的强度，就会发现，它们好像是不能胜任这种重车的负担的。然而事实上，它们是竟然胜任了，这是什么缘故呢？

原来我国古桥的构造，最重视"整体作用"，就是把全桥当作整体，不使任何部分形成孤立体。这样，桥内就有自行调整的作用，以强济弱，减少"集中负荷"的影响。比如拱桥，在拱圈与路面之间有填土，而桥墩是从拱圈脚砌高到路面的。拱圈脚、填土和路面都紧压在墩墙上，因而路面上的重车就不仅为下面的拱圈所承载，同时还为两旁墩墙的"被动压力"所平衡。但在现时一般拱桥设计中，这种被动压力是不计

北京颐和园十七孔桥

的，因而在验算时，这类古桥的强度就显得不足了。提高墩墙就是为了整体作用。其他类似的例子还很多。这都说明，古代的修桥大师，由于实践经验，是很能掌握桥梁作用的运动规律的，尽管不能用科学语言来表达它。正因为这样，我国古桥比起外国古桥来，如古罗马、古希腊、古埃及、波斯的古桥，都显得格外均匀和谐，恰如其分，不像它们的那样笨重。北京颐和园的十七孔桥和玉带桥都能说明这一点。

北京颐和园长堤石桥

古桥保存到今天，当然不是未经损坏的。除去风雨侵蚀、车马践踏外，还会遇到意外灾害，如洪水、暴风、地震等等。也许原来施工上的弱点，日后暴露出来。这都需要修理。而修理对于建桥大师，正是调查研究的好机会。他们从桥的损坏情况，结合历来外加影响，就能发现问题所在，因而利用修理机会，予以解决。每经一次修理，技术提高一步。数千年来的修桥经验，是我国特有的宝贵民族遗产。

赵州桥，建成于1300多年前，从那时起，一直用到今天，可算是古桥今用的最突出的例子。更可贵的是，它今天还是原来老样子，并未经大改变。欧洲西班牙的塔霍河上，有一座石拱桥，建成于罗马图拉真大帝时，距今已达1800多年，现仍存在，但其中有600年是毁坏得完全不能使用的，其服务年限之长，仍然不及赵州桥。在古桥今用这件事上，我国是足以自豪的。

桥的运动

桥是个固定建筑物，一经造成，便屹立大地，可以千载不移，把它当作地面标志，应当是再准确不过的。《史记·苏秦列传》里有段故事："信如尾生，与女子期于梁下，女子不来，水至不去，抱柱而死。"就因为桥下相会，地点是绝没有错的，桥是不会动的。但是这里所谓不动，是指大动而言，至于小动、微动，它却是和万物一般，是继续不断、分秒不停的。

车在桥上走，它的重量就使桥身变形，从平直的桥身，变为弯曲的桥身，桥身的两头是桥墩，桥上不断行车，桥墩也要被压短而变形。就同人坐在长板凳上，把板凳坐弯一样。板凳的腿，因受板的压迫，也要变形，如果这腿是有弹簧的，就可看出，这腿是被压短了。桥墩也同样使下面的基础变形。桥身的变形表示桥上的重量传递给桥墩了，桥墩的变形表示桥身上的重量传递给基础了，基础的变形表示桥墩上的重量传递给桥下的地土了。通过桥身、桥墩和基础的变形，一切桥上的重量就都逐层传递，最后到达桥下的地土中，形成桥上的重量终为地下的抵抗所平衡。物体所以能变形，由于内部分子的位置有变动，也就是由于分子的运动。因而一座桥所以能接受车的重量，就是因为它内部的分子有运动的缘故。

车在桥上是要走动的，而且走动的速度可以很高，使桥梁全部发生震动。桥上不但有车有人，而且还受气候变化的侵袭；在狂风暴雨中，桥是要摆动或扭动的；就是在暖冷不均、温度有升降时，桥也要伸缩；遇到地震，全桥还会受到水平方向和由下而上的推动。所有以上的种种的动，都是桥的种种变形，在不同的外因作用下而产生的。这些变形，加上桥上重量和桥本身重量所引起的变形，构成全桥各部的总变形。任何处的总变形，就是那里的分子运动的综合表现。因此，一座桥不论是在有重车疾驰、狂风猛扑、巨浪急冲或气温骤变的时候，或是在风平浪静、无车无人而只是受本身重量和流水过桥的影响的时候，它所有的一切作用都可很简单地归结为一个作用，就是分子运动的作用。

　　桥是固定建筑物，所谓固定就是不在空间有动作，不像车船能行走，但是，天地间没有绝对固定的东西。就是桥的一切负担都是为桥下的地土所平衡的。这是总平衡。拆开来看，桥身是处于桥上车重和两头桥墩之间的平衡状态的，桥墩是处于桥身和基础之间的平衡状态的，基础是处于桥墩和地土之间的平衡状态的。再进一步来分析，桥身、桥墩和基础的内部的任何一点，也无不在它四周的作用和反作用的影响下而处于平衡状态的。平衡就是矛盾的统一。矛盾是时刻变化的，因而平衡也不可能是稳定的，更不可能是静止的。就是在桥上的一切动的作用都停止的时候，在桥上只有本身重量起作用的时候，桥的平衡也不是稳定的，因为桥和地土的变形，由于气候及其他关系，总是在不断的变化中的。桥的平衡只能是瞬息现象，它仍然是桥的运动的一种特殊状态。

恩格斯说："运动是物质的存在形式。"一切桥梁作用都是物质的运动作用。

桥梁的作用

桥梁是这样一种建筑物，它或者跨过惊涛骇浪的汹涌河流，或者在悬崖陡壁间横越深渊险谷，但在克服困难、改造了大自然开辟出新道路以后，它却不阻挡山间水上的原有交通而产生新的障碍。

桥是为了与人方便而把困难留给自己的。人们正当在路上走得痛快时，忽然看到前面大河挡路，而河上正好有一座桥，这时该暗自庆幸，果然路是走对了。

造桥是不简单的。它像条纽带，把两头的路，连成一体，不因山水阻隔而影响路上交通。不但行车走人，不受重量和速度的限制，而且凡是能在路上通过的东西，都要能一样地在桥上通过。如果能把桥造得像路一样，也就是说，造得有桥恍同无桥，这造桥的本领，就够高了。桥虽然也是路，但它不是躺在地上而是悬在空中的，这一悬，就悬出问题来了。所有桥上的一切重量、风压、震动等等的荷载，都要通过桥下的空间，而传到水下的土石地基，从桥上路面到水下地基，高低悬殊，当中有什么阶梯好让上面荷载层层下降，安然入土呢？这就是桥梁结构：横的桥身，名为"上部结构"；竖的桥墩，名为"下部结构"。造桥本领就表现在这上下部的结构上。

桥的上下结构是有矛盾的。要把桥造得同路一样牢固，上部结构就要很坚强，然而它下面是空的，它只能靠下部结构的桥墩做支柱，桥墩结实了，还要数目多，它才能短小精悍，空中立得稳。但是，桥墩多了，两墩之间的距离就小了，这不但阻遏水流，而且妨碍航运。从船上人看来，最好水上无桥，如果必须造桥，也要造得有桥恍同无桥，好让他的船顺利通过。桥上陆路要墩多，桥下水路要墩少，这矛盾如何统一呢？很幸运，在桥梁设计中，有一条经济法则，如果满足这个法则，就可统一那个矛盾。这个法则就是上下部结构的正确比例关系。

桥的上下部结构是用多种材料造成的。材料的选择及如何剪裁配合，都是设计的任务。在这里有两个重要条件：一是要使上层建筑适应下面的地基基础，有什么样的基础，就决定什么样的上层建筑，上层建筑又反过来要为巩固基础而服务；一是要把各种不同性质、不同尺寸的材料，很好结合起来，使整座桥梁形成一个整体，没有任何一个孤立"单干"的部分。纵然上部结构和下部结构各有不同的自由活动，也要步调一致，发挥集体力量。桥的"敌人"是既多且狠的：重车的疾驶、狂风的侵袭、水流的冲击、地基的沉陷等等而外，还有意外的地震、爆破、洪水等灾害。桥就是靠着它的整体作用来和这些"敌人"不断斗争的。

桥的上下部结构要为陆路水路交通同等服务，而困难往往在水路。水是有涨落的，水涨船高，桥就要跟着高，这一高就当然远离陆路的地面了。地面上的交通如何能走上这高桥呢？这里需要一个过渡，一头落地，一头上桥，好让高低差别逐渐克服，以免急转直上。这种过渡，名为"引桥"，用来使地面上的路，引上正桥。引桥虽非正桥，但却往往比它更长更难修。

可见，一座桥梁要在水陆交通之间起桥梁作用，就要先在它自己内部很好地发挥各种应有的桥梁作用。整体的桥梁作用是个别桥梁作用的综合表现。

启宏图，天堑变通途 [1]

地上到处都有"堑"，它的字义不过是坑或沟或开挖，用来表示障碍或困难。堑有深有浅，《史记》里就有"高垒深堑""堑山堙谷"的话。后来这个字愈用愈广，到了南北朝时，有个孔范就说"长江天堑，古以为限"（《陈书》），于是"天堑"就成为不可逾越的一个"限"。这是古话。到了新中国，有伟大的党，伟大的社会主义，处处启宏图，一切的所谓天堑，就都变为通途了。长江上造桥，是我国劳动人民数千年来造了无数的小桥大桥的光辉结晶。

大地上自然界的一个障碍就是山与河。这当然是只对交通而言。至于对一个国家来说，山与河不但不是障碍，而且是富源所在。山河当然是可爱的，但是在要翻山过河时，它们就

---

[1] 此文发表于《人民文学》1962 年 12 月号。

桥梁史话

有些可怕了。唐代大诗人李白就是这样怕过的。他在《蜀道难》的诗里说："西当太白有鸟道，可以横绝峨眉巅。地崩山摧壮士死，然后天梯石栈相钩连。"他又在《横江词》里说："人言横江好，侬道横江恶。猛风吹倒天门山，白浪高于瓦官阁。"如果他能看到今天的成昆铁路和长江大桥，他就要赞叹"多歧路，今安在"，"人生得意须尽欢……与尔同销万古愁"了。因此，造桥修路的人，确是做了功德！而启宏图的人，使山河变貌，世界改观，更是万家生佛！

造桥就是斗争，就是解决矛盾。斗争的"敌人"是水、土、风。造桥时要使桥墩在水下深入土中，桥梁在空中架到墩上。深水、软土、暴风就都是难以克服的障碍。再加上它们的相互影响，那就更成为巨大的困难了。这种相互影响，在我国诗文中，描写得很多。比如，关于水和土，就是"岸裂新冲势，滩余旧落痕"（唐太宗《黄河》诗），关于水和风，就是"阴风怒号，浊浪排空"（宋范仲淹《岳阳楼记》），关于水和风、土，就是"盘涡荡激，回湍冲射，悬崖飞沙，断岸决石"（元贡师泰《黄河行》）。如果翻一次山，过一次河，都觉得可怕，那么，在这样山中河上来造桥，需要和那里的水、土、风所做的激烈斗争，不更要把人吓倒吗？然而人是吓不倒的，他能"以子之矛，攻子之盾"，战而胜之。

对于深水，就利用"压缩空气"（风）来筑"沉箱"基础；对于软土，就利用"水射法"来下沉"管柱"；对于暴风，就把桥墩深埋土中，再加上面水压力，以求稳固。还可以利用软黏土在管柱下面填洞，以防水漏；利用水面涨落，用船运桥梁，安装在墩上；利用"风锤""风钻"在钢梁上打"铆钉"，等等。总之，自然界的各种力，不管怎样厉害，它们彼此之间必有矛盾，只要善于运用，就可以把桥造起来了。大桥小桥同一理，不过繁简不同。大桥当然不仅是小桥的放大，如果桥的长度加一倍，并不要桥的高度也加一倍，而是要把这放大尽量地缩小，使得大桥小桥各尽其美，"秾纤得衷，修短合度"。这就要看造桥大师的心领神会和眼光手法了。桥工的值得惊叹，就在于此。

造成的桥，就老待在那里，一声不响地为人民服务。不管日里夜里、风里雨里，它总是始终如一地完成任务。它不怕负担重，甚至超重，只要"典型犹在"，"元气未伤"，就乐于接受。它虽是人工产物，但屹立大地上，竟与山水无殊，俨然成为自然界的一部分。自然界是利于人类生存的，为繁荣滋长提供条件。桥也是这样。人类一有交通，就要桥，越是靠河的地方，人口越集中，桥也就越多。有了桥，人的活动就频繁起来了。它影响到一个国家的富强，成为"地利"的一个因

　　　　　　　　　　　　桥梁史话

素。自然界是最可信赖的，只要了解到它的规律，就可在宇宙间自由行动。桥也是这样。知道了它的规格，一上桥就准可同登彼岸。自然界是到处随时都美的，因为一切配合得当，缓急相就，有青山就有绿水，有杨柳就有春风。桥也是这样。如果强度最高而用料用钱都是最省的，它就必然是最美的，那里没有多余的赘瘤，而处处平衡。这样的桥就与自然界谐和了，就像宋秦少游词所说："……秋千外绿水桥平。东风里，朱门映柳……"自然界是新陈代谢、万古长青的，尽管沧海桑田，但也有巍然独存的。桥也是这样。由于朝夕负荷，风吹浪打，必须材料坚实，结构安全，它才能站得起来，愈站愈稳，它就能长期站下去。因此桥是长寿的，比起其他人工产物来，它常是老当益壮的。千年古桥能载现代重车，还有什么其他古物能和桥相比呢？有时桥还在，但下面的河却改道了，或两头的山崩陷了，连山河都未必能和它相比！由此可见，桥在自然界中是既可利赖，而又是既美且寿的。它当然成为人类生活中所必需，甚至是和幸福不可分的了。一个国家该有多少桥，要和它占有的山河相适应。适应的程度是文化发展的一个标志。我国山多河多而文化悠久，可见桥也一定是多的。江南水多，桥就更多。拿苏州来说，就有"一出门来两座桥"的谚语。不是自今日始，唐代大诗人白居易在此就有《正

江苏苏州吴门桥

月三日闲行》的诗云："绿浪东西南北水，红栏三百九十桥。"更重要的是，我国不但桥多，而且桥好，不是一个时期好，而是历代相传，绵延不绝。正因为这样，到了今天，就能把天堑变成通途。

当然，桥的技术、艺术和学术总是逐步发展的。我国的桥在这三方面都有光荣传统。在这基础上吸取了近代科学技术成就，中国桥在世界上就别具风格。这表现在新中国的桥梁建设上。武汉长江大桥和南京长江大桥先后建成，都规模宏伟，显示出我国桥梁新技术，特别是南京长江大桥，基础深达水下73米，为世界上所罕见。四川省丰都县九溪沟石拱桥，跨度为116米，成为今天的世界第一。这都是由于我们的社会主义制度的优越性。可以确信，在党的领导下，我们将有比在武汉、南京跨越长江天堑更艰巨的桥！

中国劳动人民的智慧和力量也充分表现在过去的古桥上。它们有的是在技术上创造了划时代的壮丽结构，如赵州桥的大石拱上开了四个小石拱，形成现代所谓"敞肩拱"，比欧洲这种结构，早用了700年之久。有的是在艺术上表达出既现实又浪漫的美妙雄姿，如北京颐和园的玉带桥，石拱作蛋尖形，特别高耸，桥面形成"双向反曲线"与之配合，全桥娇小玲珑，柔和刚健，大为湖山生色。有的更是在学术上留传下可以发展的科学理论，如很多古老的石拱桥而能胜任现代的繁重运输，就是由于利用了"被动压力"的缘故。就这样，几千年来建造了无数的石桥、木桥和铁索桥。它们是随着文化的发展而发展的，形成中国文化史上的里程碑。这是指桥的兴建。建成以后，桥就倒过来协同推动文化的前进。历史上的这种桥梁作用是值得大书特书的。当然桥不可能是孤立的，有了桥就有路，有水，有山，更有桥上的行人车马，凑在一起，就演出人间的许多故事，或是历史上的兴亡代谢，或是小说中的离合悲欢。而它们任何时刻的风光景色，都能引起人们的深思遐想，诗情画意。这样一来，桥话就多了。

桥与山水　山多水多路难修，难处就在桥，而山水是路所必经的。桥也是路，不过不是躺在地上，而是架在空中的。空中的路当然比陆上的路难修了。其难处是要让下面过水行船。水不但有浪潮，而且有涨落。大水时也要走船，水涨船高，桥的路面就更高。不能"路归路，桥归桥"，而要宛转自如地连成一线。近代是在两岸造引桥，把路徐徐引上桥。古代则是使桥面隆起，形成驼峰，因而广泛采用了石拱桥。两山之间的桥，奇峰突起，峭壁深涧，又是一种困难。不便有中流砥柱时就用悬索吊桥。桥的构造形式真是说不尽。在名师巨匠手中，争奇斗胜，尽态极妍，终使万水千山路路通。而且所成之桥还为山水增光。山水本来是美丽的，在我国往往成为风景的代名词，桥在这样天然图画中，如果不能联芳济美，岂非大煞风景。唐杜甫诗"市桥官柳细，江路野梅香"，白居易诗"晴虹桥影出，秋雁橹声来"，宋苏轼诗"弯弯飞桥出，敛敛半月彀"，明王贤诗"横桥远亘如游龙，明珠影落长河中"，王锡衮诗"飞梯何须借鳌背，金绳直嵌山之侧。横空贯索插云蹊，补天绝地真奇绝"等等，就描写了山光水色中的各式各样的桥。

桥与园林　　我国园林有独特风格，园林里的桥也就很别致。它不通车马，但也不仅是为了走人行船，而是还要能点缀风景，为园林平添佳趣，那里的小山小水，有时本不需桥，但作为亭台楼阁的陪衬，或水中倒影的烘托，就来些水上小桥，借景生色。它当然不是什么"大块文章"。有时不过是一些石块，平落水中，形成一线，使人蹑步而行，这在古时叫"鼋鼍"（《拾遗记》"鼋鼍以为桥梁"），现时叫"汀步桥"。有时造成水上游廊，下面是桥，上面盖屋，两旁红栏碧牖，掩映生姿。有时把桥造得很低，几乎与水相平，人行其上，恍同凌波微步。有时桥又故意曲折，甚至七转九折，令人回环却步，引起景移物换之感。有时是一线平桥，或木或石，无栏无柱，简洁大方。有时是桥上有亭，桥下有拱，上面是画栋雕梁，下面是月波荡漾。在较大的园林中，气派不同，桥也该显得壮丽，当然就另是一种境界了。园林桥的仪态万千，总要浓淡入画，宋欧阳修诗"波光柳色碧溟濛，曲渚斜桥画舸通"，就是它的写照。

桥与历史　　桥是交通要道的咽喉，形成一个关，因而在各地的志书里，总是关、梁并称，桥在历史上的作用真不小，往往一桥得失，影响到整个战争局势。首先应当提到"大渡桥横铁索寒"的泸定桥，清代就曾在此压迫过打箭炉的少数民族。1935年，我红军万里长征，强渡大渡河时，22名英雄，攀桥栏，踏铁索，冒着弹雨，勇猛攻占全桥，为人民革命胜利写下了光辉诗篇。卢沟桥，在北京西南永定河上，是1937年日本帝国主义对我国发动侵略战争的爆发地，也是我国抗日战争中值得纪念的一座桥。三国时，蜀将姜维在阳安关口的阴平桥，聚师抗魏。春秋时，秦将孟明伐晋"洛河焚舟"，遂霸西戎，这里所谓舟，就是浮桥，名孟明桥。像这样历史上的名桥还很多。至于抵御外侮，洛阳桥就是明代抗倭的一个要塞。郑成功曾在这桥上抗清，取得胜利。

桥与人物　这类故事，较早的要算尾生。《史记·苏秦列传》："秦说燕王曰：信如尾生，与女子期于梁下，女子不来，水至不去，抱柱而死。"国士桥在山西赵城，"昔豫让为智伯报仇，欲杀赵襄子，伏于其下"（《山西通志》）。斩蛟桥，在江苏宜兴，苏东坡曾为题榜"晋周侯斩蛟之桥"（《游宦纪闻》）。有些桥的故事流传甚广，但其确址难考。如汉张良游下邳，遇圯上老人命取履，圯就是桥，这桥当然就在下邳了，但河南归德府永城有鄷城桥，"一名圯桥，即张良进履处"（《河南通志》）。

桥与文艺　桥在水上山间，凌空越阻，千仪百态，普度苍生，当然成为文学和艺术中的绝好题材。这在我国的诗文、绘画、雕塑中真是丰富极了。有的是形容桥身的构造，有的是咏叹桥上故事，更多的是赞赏桥边上下的景物风光。最著名的如苏州枫桥，除了中外闻名的张继《枫桥夜泊》诗外，还有杜牧的"长洲茂苑草萧萧，暮烟秋雨过枫桥"等等。灞桥，在陕西西安，东汉人送客至此桥，折柳送别（见《三辅黄图》）。"灞陵有桥，来迎去送，至此黯然，故人呼为销魂桥"（《开元遗事》）。后来宋柳永有词："参差烟树灞陵桥，风物尽前朝。衰杨古柳，几经

江苏苏州枫桥

攀折，憔悴楚宫腰。"情尽桥，在四川简阳，唐雍陶有诗云："从来只有情难尽，何事名为情尽桥。自此改名为折柳，任他离恨一条条。"以上是以某一桥为题的，更多的是借桥咏怀，寄情山水，而并无专指专属的。如唐温庭筠诗"鸡声茅店月，人迹板桥霜"，韩翃诗"蝉声驿路秋山里，草色河桥落照

杭州西湖断桥

断桥，一名段桥，又名宝裕桥，位于杭州西湖，单孔石拱桥。"断桥残雪"为西湖十景之一，桥堍东北角有"云水光中"水榭及碑亭。每当冬末春初，积雪未消，春水初生，拱桥倒映，溟朗生姿。桥堤烟柳葱青，露草芊绵。诗人白居易诗云："谁开湖寺西南路，草绿裙腰一道斜。"

中"，韦庄诗"阶前雨落鸳鸯瓦，竹里苔封螮（dì帝）蛛（dōng 东）桥"，宋陆游诗"断桥烟雨梅花瘦，绝涧风霜槲叶深"，范 与求诗"画桥依约垂杨外，映带残阳一抹红"，元马致远 曲"枯藤老树昏鸦，小桥流水人家"，等等，都是情文并茂 的。至于绘画，著名的有宋张择端的《清明上河图》里的"虹 桥"，这是个木桥，结构不用钉，非常巧妙。近代木刻画里 有《人桥》，一线人群立水中，肩上荷板，板上行军，表现出 艰苦卓绝的战斗精神。

  桥与戏剧 戏剧这种特殊的文艺形式，对于演出桥上的 故事，有深远作用。拿京剧说，演出的桥戏就不少。最著名的 是《长坂坡》，在《三国演义》里叫长坂桥。《三国志·蜀 书·张飞传》："曹公入荆州，先主奔江南，使飞将二十骑拒 后，飞据水断桥，瞋目横矛……敌皆无敢近者，遂得免。"还 有《金雁桥》，演张任被捉，也是三国故事。关于恋爱的戏就 更多了，如《断桥相会》《虹桥赠珠》《草桥惊梦》《蓝桥过 仙》等等。直接宣传造桥故事的有《洛阳桥》灯彩戏，描述建 桥如何艰巨，以及桥成后，"三百六十行过桥"时的群众欢乐 情景。除京剧外，各地方剧中，也有很多桥戏不及备述。

  桥与神话 由于桥是由此岸跨到彼岸，空中飞越，不管 下界风波，这就引起人们的美丽幻想。看到天上彩虹就像人间

浙江杭州跨虹桥

拱桥，因而把拱桥比作长虹、卧虹、垂虹、飞虹，等等。更看到虹的远及天边，上虹就上天，这岂非人间天上的一座桥？最著名的是"鹊桥"故事，想出织女牛郎两位工农人物，由于封建压迫的缘故而形成"银河阻隔"，就假托连玉皇大帝都控制不了的大批乌鹊，来为他们"填河成桥"，使情人相会，这样的神话，当然是流传不朽的了。魏曹丕诗"牵牛织女遥相望，尔独何辜限河梁"，尚能道出此中心曲，并且感到桥还不足。可见连天上的神仙都要桥，因为天上是没有桥的。这样的好东西，只在人间！

桥，确实是个好东西。为了与人方便，它不但在地上通连道路，而且从各方面弥补缺陷，化理想为现实。我们有各种广义的桥。船是过渡的桥，火箭是上天的桥，商业是工农业之间的桥。最伟大的是通向共产主义的社会主义大桥！它使人类从悲惨世界跨越到康乐世界，从黑暗时代跨越到光明时代！这座大桥，全世界都在造。如今正是处处启宏图，天堑变通途！

桥名谈往 ①

万物皆有名，有的还要有专名，就像人有名字一样。既然是名，当然就要起得好。孔夫子不是早就说过吗？"必也正名乎"，"名不正则言不顺"。为了名要"正"，就费了不知多少人的心血。比如人名，在《永乐大典》或《四库全书》中，就有不少关于它的汇考、艺文、纪事、杂录等等的记载。至于对物题名，也是非同小可，既要意义恰当，又要工整大方。《红楼梦》"大观园试才题对额"一回中，贾政说："这匾对倒是一件难事，论理该请贵妃赐题才是……偌大景致，若干亭榭，无字标题，任是花柳山水，也断不能生色。"一座花园里的题名是件难事（要论理，要生色），那么，一座桥梁的题名，也就不简单了。

_____

① 此文发表于《光明日报》1962 年 7 月 22 日。

我国近代桥梁，受了西方影响，题名时，总是从地理观点出发的。只要能指出它的所在地，使人一望而知，这个名就算"正"了。铁路公路上，更是用里程标记做名字，如同某某路上的"345678公里桥"，那才真是确切不移的。然而我国古时桥名，不是这样。它总要有些文学气息，使人见了，不由得发生情感，念念不忘。或是纪事抒情，引起深思遐想；或有诗情画意，为之心旷神怡。这样，通过慎重题名，一座桥的历史、作用或影响，就立刻表现出来，因而容易流传。桥的"身价"也因此而抬高。桥出了名，它的名字还会跟着多起来，除了正名，还有俗名、别名等等，就像人名，除了学名，还有别号、小字等等。有的是在民间自然而然地逐渐形成的，有的却是文人学士，要借此而为自己题名的。总之，桥成就要题名成为风气也是我国古代文化的一个特色。

　　桥的题名，字不在多，如同人名一样，一般都是两个字，有时只有一个字。就只这一两个字，而能显示出桥的特征，正是我国文字的妙用。这是由于我国历史上的典故多和文学里的成语丰富的缘故。文史里的财富，大为桥名增光。然而桥多了，关于它的典故和成语也反过来为文史服务。比如，《史记》里"信如尾生"一词来自桥的典故，《阿房宫赋》里"长桥卧波"一词来自桥的成语。桥的名字题得好，它对文史就可有贡献了。桥名的重要，有如此者。

现在来介绍一些桥名，借以窥知我国桥梁文学的丰富，它也许是世界无双的。先谈单名。较著名的有：鹊桥，神话传说，"七夕织女当渡河，使鹊为桥"（《风俗记》）；蓝桥，在陕西蓝田县蓝溪上，"传其地有仙窟，即唐裴航遇云英处"（《大清一统志》）；枫桥，在苏州，唐张继有《枫桥夜泊》诗，又唐杜牧诗"长洲茂苑草萧萧，暮烟秋雨过枫桥"；断桥，在杭州西湖，唐张祐诗"断桥荒藓合"，明莫仲玙有《断桥残雪》词；虹桥，宋张择端画的《清明上河图》里有河南开封的虹桥等等。但单名之桥往往不限一地，其中以材料或形状为名的则更多，如：石桥，梁简文帝即有《石桥》诗"写虹便欲饮，图星逼似真"；铁桥，明吴兆元有《渡铁桥》诗"宝筏群生渡，金绳八道开"；板桥，即木桥，唐温庭筠诗"鸡声茅店月，人迹板桥霜"；浮桥，古称河桥，《晋书·杜预传》"预曰，'造舟为梁'，则河桥之谓也"，唐太宗有《赋得浮桥》诗等。又有泛指桥的所在或形状而又可能是专名的，如：山桥，梁简文帝诗"卧石藤为缆，山桥树作梁"；江桥，唐杜甫诗"山县早休市，江桥春聚船"；野桥，唐刘长卿诗"野桥经雨断，涧水向田分"；市桥，杜甫诗"市桥官柳细，江路野梅香"；方桥，唐韩愈诗"君欲问方桥，

浙江临海中津浮桥

方桥如此作"；斜桥，宋欧阳修诗"波光柳色碧溟濛，曲渚斜桥画舸通"；画桥，宋范与求诗"画桥依约垂杨外，映带残阳一抹红"；朱桥，唐郑谷诗"朱桥直抵金门路，粉堞高连玉垒云"；双桥，唐李白诗"两水夹明镜，双桥落彩虹"等。有的桥名很自然，如天桥，山西太原保德州及云南大理都有，大理的"下断上连，石梁跨之，两岩激水溅珠，宛如梅绽，人呼为不谢梅"（《云南通志》）；花桥，福建宁德，湖北长阳县及广西桂林都有，桂林的有"花桥烟雨"之称；柳桥，在杭州西

云南双龙桥

湖，宋周邦彦词"水涨鱼天柏柳桥"；竹桥，杜甫有《观造竹桥》诗等。有的比较特殊，如：草桥，在北京右安门外；席桥，在山东东平县，"相传宋真宗东封泰山，车驾经行，以席铺借"（《山东通志》）；瓜桥，浙江富阳，"世传孙钟设瓜于此桥"（《浙江通志》）；鸭桥，在陕西陕城，见《初学记》；金桥，在山西上党，唐潘炎有《金桥赋》，序云"常有童谣云，圣人执节渡金桥"等。更有奇特的，如：暗桥，在安徽建平县，"旧传伍员奔吴，避于山中，追者至此，云气护之，员及桥而天暗"（《江南通志》）；鬼桥，《初学记》"上方有鬼桥"；赤桥，在山西太原晋水北渠上，"宋太宗凿卧龙山，血出成河，因更今名"（《山西通志》）等。

桥名用两个字是最普遍而又标准化的，单名的桥已经不少，双名的更是多得多。试思每桥皆有名，在我们古老的大国，该有多少桥名啊！然而在这成千上万的单名和双名中，重复的究竟不多，如果把这所有的桥名都搜集起来，编成一部《中国桥名录》，该是够洋洋大观的了。

现在再来举一些双名的例，说明桥名的丰富多彩。根据反映内容，一部《桥名录》可分为六章。

第一章是"表扬"。首先是表扬桥成德政的，如：安济桥，即赵州桥，在河北赵县南洨河上，一名大石桥，制造奇特，"隋匠李春之迹也"，见唐张嘉贞《赵郡南石桥铭》；万安桥，即洛阳桥，在福建泉州，为渡海用，"去舟而徒，易危以安，民莫不利"，见宋蔡襄《万安渡石桥记》；灭渡桥，在江苏苏州，桥成"南北往来者踊跃称庆，名灭渡，志平横暴也"，见元张亨《灭渡桥记》；安平桥，在福建晋江，建成于宋绍兴二十二年（公元1152年），全长2070米，俗名五里桥，旧有"天下无桥长此桥"的传说；弘仁桥，在北京左安门东，明李贤《敕建弘仁桥碑记》云"为建石桥，以便往来……名之曰弘仁，盖弘者廓而大之，而仁则不忍人之政也"；万福桥在湖南湘乡，上部桥墩似楹柱，为石桥中罕见。其次是表扬造桥人物和逸事的，如：济美桥，在安徽天长，是"父作子述"之桥，见明陈继儒《济美桥记跋》；宝带桥，在江苏苏州，"今呼为小长桥，相传为唐王仲舒建，捐宝带助费，故名"（《苏州府志》）；绩麻桥，在湖北孝感，"世传居民女绩麻所建"（《湖广通志》）；夫妇桥，即四川灌县（都江堰）竹索桥，清何先德造，未完，其妻续成之；葛镜桥，在贵州平越，明万历间葛镜建，"屡为水决，三建乃成，靡金巨万，悉罄家资"（《贵州通志》）；大夫桥，在浙江会稽，唐颜真卿《张志和碑志》云"门墙流水，十年无桥，观察使陈少游为建造，行者谓之大夫桥"；葫芦桥，在浙江余杭，"相传东汉时隐士张俨植葫芦以贸积钱造桥，故名"（《浙江通志》）。

第二章是"纪事"。记载有关桥上的流传故事，如：万里桥，在四川成都南门外，"昔孔明于此饯费祎聘吴，曰万里之行，始于此矣"，见《寰宇记》。又据《四川通志》云："唐史载，明皇狩蜀过此，问桥名，左右对以万里，明皇叹曰，开元末僧一行谓，更二十年国有难，朕当远游至万里之外，此是也，因驻跸于成都焉。"唐陆肱有《万里桥赋》，宋吕大防有《万里桥》诗，杜甫诗"万里桥西宅，百花潭北庄"；唐张籍诗"万里桥边多酒家，游人爱向谁家宿"；宋苏轼诗"我欲归寻万里桥，水花风叶暮萧萧"；宋陆游诗"雕鞍送客双流驿，银烛看花万里桥"。驷马桥，即升仙桥，在四川成都城北，《四川通志》云，"司马相如尝题柱云，大丈夫不乘驷马车，不复过此桥"，唐岑参有《升仙桥》诗"及乘驷马车，却从桥上归"，宋京镗有《驷马桥记》云："兹建桥以驷马名，自是长卿之遗踪亦不泯矣。"兰亭桥，在浙江绍兴，"晋王右军修禊处，桥下细石浅濑，水声昼夜不绝"（《浙江通志》）。百口桥，在江苏苏州，"汉顾训五世同居，聚族百口，故因其居名桥"（《江南通志》）。洗耳桥，在河南汝州，"即许由洗耳处"（《河南通志》）。虎渡桥，在福建漳州，亦名江东桥，"江南桥梁，虎渡第一，昔欲修桥，有虎负子渡江，息于中流……乃因垒址为桥"（《读史方舆纪要》）。宵市桥，在江苏扬州，即"小市桥"，"相传隋炀帝时于此开夜市"（《江南通志》）。

第三章是"抒情"。通过桥名，来表达思想感情，如：销魂桥，即灞桥，在陕西西安，"东汉人送客至此桥，折柳赠别"（《三辅黄图》）。因"取江淹别赋句，又呼为销魂桥"（《陕西通志》）。唐王之涣诗："杨柳东风树，青春夹御河。近来攀折苦，应为别离多。"宋柳永词："参差烟树灞陵桥，风物尽前朝。衰杨古柳，几经攀折，憔悴楚宫腰。"明葛一龙词："桥上飞花桥下水，断肠人是过桥人。"思乡桥，在河北丰润，"宋徽宗北辕过桥，驻马四顾，泫然曰，吾过此向大漠，安得似此水还乡矣……人乃谓思乡桥也"（《畿辅通志》）。至喜桥，在四川广安，"昔欧阳修自吴入蜀，喜路险至此始平"（《四川通志》）。情尽桥，在四川简阳，唐雍陶《题情尽桥》诗有序云："阳安送客至情尽桥，问其故，左右曰送迎之地止此。"诗云："从来只有情难尽，何事名为情尽桥。自此改名为折柳，任他离恨一条条。"忘恩桥，在陕西西安，"中官初入选，进东华门，门内有桥曰皇恩桥……俗呼曰忘恩桥，以中官既富贵，必仇所生，盖耻之也"（《客窗偶谈》）。

第四章是"写景"。美化桥身及四周景物，如：垂虹桥，在江苏吴江，桥身环如半月，长若垂虹，宋王安石《垂虹桥》诗云："颇夸九州物，壮丽无此敌。"春波桥，在浙江绍兴，"贺知章诗云：离别家乡岁月多，近来人事半消磨。唯有门前鉴湖水，春风不改旧时波。故取此名桥"（《会稽志》）。海棠桥，在湖北黄州，"宋时桥侧海棠丛开，秦观尝醉卧于此，明日题其柱"（《湖广通志》）。胭脂桥，在江西饶州，"鄱阳王萧俨宅宫人，尝遗胭脂水流出，故名"（《江西通志》）。月样桥，在山东青州，"采石凝结如天成"（《山东通志》）。绿杨桥，在湖北蕲水，"因东坡醉卧桥上，有'解鞍欹枕绿杨桥'之句，遂名"（《湖广通志》）。按坡公《西江月》词自序云，"春夜行蕲水中……至一溪桥上，解鞍曲肱，醉卧少休，及觉已晓……书此语桥柱上"，即是桥也。

第五章是"纪念"。多指名人故事，但未必与造桥有关，如：留衣桥，在江西南城，原名万寿桥，清咸丰间有知府治郡有惠政，卸职时郡人饯行，留衣于此，遂改名留衣桥（《南城县志》）。惠政桥，在江苏邵伯，旧谓谢安以政惠民，故名。甘棠桥，在湖北崇阳，宋张乖崖咏为令时劝民种桑，兴修水利，乡民为立甘棠桥，以志不忘。王公桥，在江西饶州，"宋知州王十朋，徙知夔州，民走诸司乞留不得，至断其桥，十朋乃以车从间道去，众葺断桥，因名"（《江西通志》）。莱公桥，在江西峡江，因宋莱公谪潮时经此而得名。斩蛟桥，在江苏宜兴，"宜兴长桥元丰元年火，四年邑宰褚理复修，立榜曰欣济，东坡过之，为书曰晋周侯斩蛟之桥"（《游宦纪闻》）。国士桥，在山西赵城，"昔豫让为智伯报仇欲杀赵襄子，伏于其下……后人改名曰国士桥"（《山西通志》）。

第六章是"神话"。把神仙和桥梁联系起来，如：乌鹊桥，即鹊桥，《白帖》云："乌鹊填河成桥，而度织女"。杜甫有诗云"江光隐现鼋鼍窟，石势参差乌鹊桥"，唐宋之问诗"鸳鸯机上疏萤度，乌鹊桥边一雁飞"。圣女桥，在陕西白水，传说为三神女一夜成之。白鹤桥，在江苏句容，"汉永元间茅氏兄弟三人，乘鹤至此，有白鹤桥，大茅君驾白鹤会群仙处"（《句容县志》）。集仙桥，在江西安福，"相传居人夜闻桥上仙乐缭绕，且往视之，唯见书吕洞宾字于桥柱"（《江西通志》）。乘鱼桥，在江苏苏州，"昔琴高乘鲤升仙之地"（《江南通志》）。照影桥，在湖北石首，"相传有仙人于此照影"（《湖广通志》）。

　　以上是单字和双字的桥名录。三字、四字或更多字的桥名，当然也有，但为数极少。三字桥名中著名的有二十四桥，在江苏扬州。不过这种用数目字当专名的桥，并无他例，有的只是以数为序而已，如杜甫诗"不识南塘路，今知第五桥"。三字或以上的如旧浣花桥、杨柳河桥、德阳王桥（系德阳王创建，以上均在成都府）、新学前桥、建富木桥（以上均在南昌府）、新饭店石桥（四川温江）等，有的是地名或人名关系，其余都是把单名或双名的桥加以解释，并非完整的专名。因此，中国桥名，基本上只有单名和双名两种，在《桥名录》中把这两种搜集齐全，所余就无几了。

江苏扬州二十四桥

二十四桥，又名廿四桥，借隋代扬州有二十四桥典故。新建于扬州风景区，为单孔圆弧形石拱桥。桥两侧建曲径亭台，桥栏、石阶均取二十四的倍数，成扬州一景。隋代扬州府有二十四座桥，以当时城门市坊命名，著名的有山光桥、开明桥、茶园桥、大明桥、作坊桥、万岁桥等。到唐代极盛，有十里珠帘、二十四桥风月之称。唐诗人杜牧之诗："青山隐隐水迢迢，秋尽江南草未凋。二十四桥明月夜，玉人何处教吹箫？"

　　但是，我国古桥并非各个都有专名。有的本来并无名称，后来有人随便叫它一下，逐渐也就成了名字，如大桥、小桥、新桥、旧桥、长桥、短桥、南桥、北桥等等。这些"俗名"，时间一久，就成为"正名"了，如福州的小

天津天成寺石桥

桥，因在万寿桥的大桥附近而得名，就此成为专名。有的桥，名气非常之大，但实际上并无此桥，如陈桥，在河南开封，宋赵匡胤"黄袍加身"处，实系"陈桥驿"，"在京师陈桥封丘二门之间，唐为上元驿，朱全忠纵火，欲害李克用之所，艺祖启运立极之地也"（《玉照新志》）。但更多的桥，却是不声不响地在那里服务，而它们的名字是早就湮没不彰了。可见，桥和桥名，都有幸与不幸，有的是有名无桥，有的是有桥无名。然而，虽是无名，难道就不是"英雄"？

　　　　　　　　　　　　　　　桥梁史话

名桥谈往 [1]

古往今来，芸芸大众，得名者极少，其能流芳百世的就更少。桥也是一样。自有历史以来，就有人造的桥。最早有记载的是夏禹用"鼋鼍以为桥梁"（《拾遗记》），后来在渭河上，先是"造舟为梁"（《诗经》中《大明篇》），逐渐地就"以木为梁""以石为梁"（《初学记》），于是桥梁日多，布满全国。4000年来历代所建桥梁，据说有几百万座之多。由于我国文化昌盛，这许多桥梁，一般都有名字，就像人有名字一样。然而，虽然各个有名字，真正"出名"的却不多，人是如此，桥也是如此。不过，桥不像人，从未有过"遗臭万年"的。尽管桥上会有遗臭的事，但桥的本身总是流芳的。流芳有长短和远近的不同，决定于桥本身的技术

---

① 此文发表于《文汇报》1962 年 9 月 29 日。

与艺术，桥在历史上的作用，桥上的故事传说和有关桥的文艺、神话、戏剧等等。这几方面当然是互有影响的。在一方面出了名，其他方面也会跟着附和，然而各方面未必相称。小桥可以享大名，而大桥未必尽人皆知，甚至简直无名。桥的有名无名，要看它在群众中的"威望"。现在以此为准，来谈谈我国传统的各地名桥。所谓传统的桥就是我国固有的各种形式的桥，并非从西方输入的近代形式的桥。

技术上的名桥

我们常常自谦，说是科学技术落后，比不上世界上的先进国家。这是近百年来受了帝国主义压迫的结果。但是，回顾过去数千年的历史，我国不但文化悠久、光辉灿烂，而且就是在科学技术上，也曾盛极一时，桥梁就是一例。我国有许多桥梁，其技术在当时是大大超过世界水平的。这有实物为证。

首先要提到的是赵州桥，这是全世界桥梁史上的一座最突出的桥。它的技术是大大超过时代的。它是在1350多年前（隋代）由"总工程师"李春造成的一座石拱桥，直到现在，还可使用。

其次应当提出的是福建泉州洛阳桥。这是一座石梁桥，修建于宋皇祐、嘉祐年间（公元1053—1059年），长三百六十丈，有四十七孔。洛阳江入海处水流湍急，波涛汹涌，建桥当然不易，而且当时福建沿海各河上，除有少数浮桥外，几无一处有石桥，洛阳桥的建成，实是划时代的巨大贡献。

也应当提到广东潮州的湘子桥，它所跨越的韩江，就是唐代大文学家韩愈驱逐鳄鱼的所在，那时就名为"恶溪"，可见水深流急，造桥之不易了。这座桥全长518米，分为三段，东段十二孔，长284米，西段七孔，长137米，中段一大孔，长97米。东西两段，皆石墩石梁，中段是"浮桥"，由18只木船组成。这桥的特点就在中段，那里的木船，可以解缆移动，让出河道以通航。这就是近代的所谓"开合桥"，合时通车，开时走船，对于水陆交通，是两不妨碍的。然而这样一座结构巧妙的桥梁，却是建成于南宋乾道年间（公元1165—1173年），距今已800年了。

万年桥，在江西南城县，是国内罕见的极长的连拱石桥，计石拱二十三孔，全长400余米。所谓连拱，就是把许多拱连成一线，形成一个整体，每一拱上的载重，由全部各拱共同负担，因而是个很经济的设计。这座桥在宋代初建时为浮桥，到明代崇祯时（公元1634年）更建为石桥。

西津桥在甘肃兰州，俗名卧桥或握桥，在阿干河上，是"伸

江西万年桥

　　万年桥，位于江西省南城县东北六里武岗山麓，跨旴江，是古拱桥中最长的连拱石桥。明成化间，邑人雷显忠祖孙设义渡，世称雷家舟。崇祯十年（公元1637年），巡道吴麟瑞倡捐建石桥。桥长411米，宽6米，高10米，二十三孔。清代雍正、乾隆间部分修整。光绪十三年（公元1887年）水坏五孔，郡绅谢甘棠等修复，著有《万年桥志》，为古桥修复工程纪实名著之一。

臂式"的木结构桥，其木梁由两岸伸向河心，节节挑出，在河心处，于两边挑梁上铺板，接通全桥。传说这桥建自唐代，经历代重修，现存的是公元1904年重建的。

　　珠浦桥，在四川灌县，位于都江堰口，横跨岷江，是用竹

　　　　　　　　　　　　　　　　　　　　　　　桥梁史话

缆将桥面吊起的"悬桥"，共长330米，分十孔，最长跨度61米，竹缆锚碇于两岸的桥台中。

以上六座桥，代表六种类型，即拱桥、梁桥、开合桥、连拱桥、伸臂桥和悬桥。从今天看来，所有近代桥梁的主要类型，"粲然具备矣"。当然，在每一类型中还有其他名桥，比如拱桥类有建于元代的江苏吴江垂虹桥；梁桥类有福建泉州的五里桥，有"天下无桥长此桥"的传说，福建漳州的江东桥，最大一根石梁重至200吨，均建于南宋时代；连拱桥类有建于清初的安徽歙县的太平桥；悬桥类有建于明代的贵州盘江桥等等。这许多名桥的技术有一个共同特点，就是把桥造得坚固耐久。

艺术上的名桥

桥不在水上，就在山谷，而山与水又往往相邻，构成图画，山水成为风景的代名词，桥在这样的天然图画中，如果本身不美，岂不大煞风景。桥的美首先表现在形体，亦即桥身的构造，要它在所处环境中，显得既不可少，又不嫌多，"秾纤得衷，修短合度"。其次在艺术布置处理得当，绝不画蛇添足。一条重要法则是技术和艺术的统一，不因此害彼。上述几座名桥，特别是赵州桥，就都能达到这种境界。特别在艺术上驰名的还有很多，这里举几个例。

宝带桥在江苏苏州，是座连拱石桥，全长317米，分五十三孔，其中三孔连拱特别高，以通大型舟楫，两旁各拱路面逐渐下降，形成弓形弧线。建于唐代（约公元806年），重修于宋（约公元1232年）。全桥风格壮丽，堪称"长虹卧波，鳌背连云"。这座桥的工程浩大，构造复杂，而又结构轻盈，奇巧多姿，成为江南名胜。玉带桥在北京颐和园，建于清代（约公元1770年），桥拱作蛋尖形，特别高耸，桥面形成"双向反曲线"，据说是美国纽约岳门桥设计的张本。这是座小桥，庄严而又玲珑，大为湖山生色。程阳桥在广西三江，长达一百余米，是座伸臂式桥，用大木节节伸出，跨度二十余米。每一桥墩上建有宝塔式楼阁四层，约五米见方，高十余米。各墩楼阁之间，用长廊联系，上有屋盖，为行人遮阳蔽雨。这桥的构造奇特，结合桥梁与建筑为一体，形成一座水上的游廊。"鱼沼飞梁"在山西太原的晋祠内，是个游览胜地。这是座在鱼沼上建成的十字形的"飞梁"，就像两条路的十字交叉一样。飞梁的中心是个六米见方的广场，东西向和南北向的两头各有挑出的"翼桥"，长六米，形成18米长的两桥交叉。这桥的构造曲折，整齐秀雅，富丽堂皇。五亭桥在江苏扬州瘦西湖，也是个十字交叉的飞梁桥，在中心广场和东南西北的四个翼桥上，各有一亭，桥下正侧面共有十五个桥孔，月满时每孔各衔一月，波光荡漾，蔚为奇观。

广西三江程阳桥

　　程阳桥，位于广西侗族自治县林溪乡，跨林溪河，伸臂式木梁桥。建于1916年，1984年水毁一孔，重修。桥上建有五座宝塔式楼阁四层，高十余米，接以通廊，华丽宏伟，又称风雨桥。楼亭结构均用榫头衔接，不用一颗铁钉，工艺精细，历久不变。

历史上的名桥

桥是交通要道的咽喉,军事上在所必争,历史上记载的与桥有关的战役,真是太多了。往往一桥得失影响到整个战争局面。在和平建设上,有的桥也起过重大历史作用。现举历史上的几个著名的例子:

泸定桥,即大渡河铁索桥,是1935年我红军长征,强渡大渡河的所在。这座桥建成于清代(公元1706年)。计长103米,宽约三米,桥面木板铺在九根铁链上,铁链锚碇于两岸桥台。

卢沟桥,在北京广安门外永定河上,是1937年日本帝国主义对我国发动侵略战争的爆发地,也是我国人民解放战争中永远值得纪念的一座桥。这是座连拱石桥,共长265米,由十一孔石拱组成,建成于金代(公元1192年)。13世纪时,意大利人马可·波罗在他的游记中提到这座桥。经过他的宣传,卢沟桥早就闻名世界。

阴平桥,在甘肃文县,从文县至四川平武县的"阴平道"即三国时魏将邓艾袭蜀之路。姜维闻有魏师,请在阳安关口阴平桥头防御。这座桥于清代(公元1729年)重建,是一座有名

甘肃文县阴平桥

的石拱桥。孟盟桥在山西蒲州，春秋时秦将孟明伐晋，"济河焚舟，盟师必克"，晋师不敢出，遂霸西戎，故以"孟盟"名桥。这里所谓舟，就是浮桥。

在桥梁史上，有的桥是先行者，成为后来建桥的楷模。晋杜预，以孟津渡险，建河桥于富平津，当时反对者多。预曰，造舟为梁，则河桥之谓也，及桥成，晋武帝司马炎向他祝酒说，非君此桥不立也。后来，"杜预造桥"故事，成为一种鼓舞力量。福建自洛阳桥兴建成功，泉漳两地相继修成"十大名桥"，为桥梁技术开辟了新纪元，致有"闽中桥梁甲天下"之誉。洛阳桥又是明代抗倭的一个要塞，明末时，郑成功更据此桥抗清，取得胜利。

有的历史上的名桥，实际并非桥，比如，宋代赵匡胤制造的"陈桥兵变，黄袍加身"的陈桥，就不是桥而是个"驿"名，唐时名"上元驿"，朱全忠曾在此放火，谋害李克用。

故事中的名桥

历史上有许多有名的故事，在这些故事里所牵涉的桥也往往成为名桥。

有的桥是为纪念名人的，如惠政桥、斩蛟桥、甘索桥、王公桥、留衣桥，等等。

有些桥的故事流传甚广，但其确址难考。如汉张良游下邳，遇圯上老人命取履，圯就是桥，这桥当然在下邳了，但河南归德府永城有酂城桥，"一名圯桥，即张良进履处"（见《河南通志》）。

文艺中的名桥

桥是地上标志，又是克服困难把需要变成可能的人工产物，因而桥的所在和有关故事，最能动人，成为文艺上的极好题材。在文学中诗、词、歌、赋里以桥命题的固然多不胜数，到了近代文学里，它为群众服务的作用，就更显得重要

甘肃渭源灞陵桥

灞陵桥，跨渭源县城南清源河。建于明洪武年间（公元1368年），后被洪水冲毁。1919年，仿兰州卧桥改建为纯木结构，精巧壮观。

了。同样，在绘画、雕塑等等的艺术作品中，桥也是重要对象。现就文艺遗产中举几个例：

灞桥，在陕西西安，"东汉人送客至此桥，折柳赠别"（《三辅黄图》）。"灞陵有桥，来迎去送，至此黯然，故人呼为销魂桥"（《开元遗事》）。唐王之涣诗："杨柳东风树，青青夹御河。近来攀折苦，应为别离多。"宋柳永词："参差烟树灞陵桥，风物尽前朝。衰杨古柳，几经攀折，憔悴楚宫腰。"

枫桥，在江苏苏州，因唐张继《枫桥夜泊》诗而名闻中外。其中，"江枫渔火对愁眠"句，有人谓是指江桥和枫桥两座桥。又唐杜牧有诗："长洲茂苑草萧萧，暮烟秋雨过枫桥。"其实枫桥只是一个较小的石拱桥。

在古代绘画中，桥虽多，但知其名的很少。可以提出的是宋张择端画的《清明上河图》中的河南开封的虹桥。名画中的桥，多半是拱桥，但这座画中名桥却是个木结构的拱形伸臂桥。它的结构非常奇巧，堪称举世无双。

神话中的名桥

由于桥是从此岸跨到彼岸，凌空飞渡，不管下界风波，这就引起人们的美丽幻想。特别是爱把桥比作"人间彩虹"，把彩虹当作是人间到天上的一条通路。既然上天，神仙就少不了了。

鹊桥，是神话中牛郎织女在银河上的相会处。《白帖》云："乌鹊填河成桥，而度织女。"《风俗记》说："七夕织女当渡河，使鹊为桥。"神仙本来是会腾云驾雾的，然而在银河上还需要桥，人们把桥的作用抬高到天上去了！蓝桥，在陕西蓝田县蓝溪上，"传其地在仙窟，即唐裴航遇云英处"（《清一统志》）。照影桥，在湖北石首，"相传有仙人于此照影"（《湖广通志》）。此外，各地桥以"升仙"为名的特别多，也是人们在封建统治下不堪压迫向往出头的一种反映。

戏剧里的名桥

出名的人物故事，总会搬上戏剧舞台，桥当然不例外。京剧里演出的名桥故事就不少。最著名的是《长坂坡》，即"长坂桥"，见《三国演义》。《三国志·蜀书·张飞传》载："曹公入荆州，先主奔江南，使飞将二十骑拒后，飞据水断桥，瞋目横矛……故皆无敢近者，遂得免。"还有《金雁桥》也是三国故事戏。关于恋爱戏，有《鹊桥相会》《断桥相会》《虹桥赠珠》《草桥惊梦》等。直接宣扬造桥故事的有《洛阳桥》灯彩戏，描述建桥如何艰巨，以及桥成后"三百六十行过桥"时人民的欢乐情景。

今天造桥的传统

上述的这些名桥中，有四座已经在我国纪念邮票中发表了，就是：赵县安济桥（即赵州桥）、苏州宝带桥、灌县珠浦桥和三江程阳桥。此外值得纪念的还有很多，特别是泸定桥、卢沟桥、洛阳桥和湘子桥。有很多古桥的传统，已经成为民族遗产中的财富，有的更发展为今天造桥的传统，如云南南盘江上的公路石拱桥，跨度达112.5米，成为世界上最大的石拱桥，就是继承了赵州桥的传统而发展成功的。这种古为今用的发展前景，将是不可限量的。往时名桥虽多，然而"俱往矣"，数宏规巨构，"还看今朝"！

中国古代桥梁 ①

　　中国古代桥梁，数量惊人，其中有不少是在科学、技术及文化上的杰作。中国文献中有关桥的著述，当然丰富，即使外国人的这类短篇及巨著，亦不在少。英国李约瑟教授的《中国科学技术史》中，除有一篇极生动而又有考证的《桥梁篇》外，还有极详细的有关中国古桥的参考资料，可供各国桥梁专家参考。但是，对中国5000年历史、900多万平方公里内的古桥，用简短文字做一全貌的通论，却不多见。本文作为分析研究的总结，试从这个角度，整体简单地介绍其在历史上的进程、地理上的分布、技术上的发展、艺术上的处理及对文化的影响，使读者能因此而对中国古桥有一全盘的概念，包括其中值得研究的一些特点。

---

　　① 此篇写作于1983年。

桥在历史上的作用

中国历史悠久，地大、物博、人多、民族复杂，到了今天发展成为一个独立的、统一的、有10亿人口的，5000年文化的国家，在国际上占有一个非凡独特的地位，当然不是偶然的。960万平方公里的国家，处在四邻环伺之中，历尽数千年的沧桑，而能维持独立、统一（小的波折不计）于不败，其重要因素有三：一为军事，二为经济，三为文化。秦代（公元前221—前207年）开统一之基，汉（公元前206—220年）唐（公元618—907年）扬国威于域外，均得力于军事，而军事胜败，决定于行军的道路。故秦始皇在国内开辟四通八达的"驰路"，长达1800余里；而汉、唐向西域开拓"丝绸之路"。至于经济发展与文化交流，以提高人民生活，加强民族团结，有赖于道路的畅通，更不必说。世界各国，中国人口最多，并非由于疆域广大，而主要由于农业及医药中的技术成就，在推广及传播其成就中，道路亦系人口繁殖的一个因素。总之，我国之所以能有今日，道路的发展，不能不算是一个推动的力量。犹如古罗马帝国之所以能威震一时，亦不能不归功于道路。所不同者，罗马古道路，很多已成为废墟，而中国古道路，则今日犹多存在。

有路即有桥，中国之所以成为泱泱大国，桥的贡献比路的贡献还更重要。有时路可不必造而由人自然走出，但桥则非造不可。中国人民从古即能造桥，是文化悠久的一个原因。

桥的作用是跨过河流与山谷，以便接通道路。一个国家有多少桥，是由河与山来决定的。河山这个名词，在中国就有代表国土的意义，故宋代（公元960—1279年）名将岳飞，在抗击金人时，就有"还我河山"的壮语。河与山是一个国家的资

湖北驿道桥

源所在，如何利用这资源，就显出一个民族征服自然的能力。在这征服中，造桥的能力更为突出。造成的桥，可以巍然屹立，达千年以上，除了承载过桥的各种负荷外，还要经受日夜的水冲浪击，风吹雨打，甚至天灾的洪水、地震，人祸的战争摧残，而始终蜷伏在那里，一声不响地为人民服务；而且基本上保持原来形状不变，有如自然界的一座"天生桥"或"天然洞"，虽是人工产物，俨若自然界所固有。有时甚至比自然界的河山还稳定，如桥还在，而下面的河流却改道了，或两端的山竟然崩陷了。连河与山都未必比它长寿，这样的桥就是中国的古桥。

这样的桥，当然都是石桥。它连同其他各种木桥及吊桥，在我国数千年历史中，都发挥过重要作用。首先当然在国家经济及人民生活方面。我国河流特多，许多城市因靠河而发展，河上桥多桥少，是决定经济荣枯的一个重要因素。军事上，两军对敌，有因一桥得失而见胜负，甚至可以影响到政治上的改朝换代；在任一朝代统治下，交通运输的通畅与否，都与政权的命脉有关，而桥梁正是交通运输所依赖的重要工具。

中国古桥不但为了交通运输，而且对人民精神生活亦有作用，因为在桥上散步或眺望，亦是一种忙中消遣。甚至桥的本

　　　　　　　　桥梁史话

身亦可成为美术展览品。诚如李约瑟教授所言："没有中国桥是欠美的，并且有很多是特出的美。"[1]因此，古时有很多名人，特别是文学家或诗人，常常爱住在桥的附近，以便随时观赏。故中国更有一类古桥，不是为了交通运输，而是为了点缀风景，专供游览欣赏之用的，即是各种园林中的小桥。

一个国家的疆域广大，当然桥多，但中国古桥特别多。13世纪意大利人马可·波罗在游记中盛赞福建泉州、漳州的桥多，并说浙江杭州有桥12000座（这大概是传抄笔记之误，实际应是347座）。苏州有谚语："一出门来两座桥"，南京有个街道名"三步两桥"。北京市内有些旧河早填平了，但原来桥名仍做今日街道的名字，可见旧桥之多。国内其他城市也有很多是多桥的；在乡间，甚至还有路还未修而先修桥的地方。有人估计中国古石桥有几百万座之多。

自古以来，中国造了无数的木桥、石桥和各种悬索桥，其形式有梁桥、伸臂桥、拱桥、吊桥以及浮桥和城门外护城河上的拖桥，包括了近代桥梁所有的主要形式。

桥是跨河越谷的空中道路，如何能由下面的地上支持，而且能长期支持，不使桥身受损，就决定于桥身、桥墩及基础

---

[1] 李约瑟《中国科学技术史》第4卷，第3册，第145页。

的材料、结构及施工方法。中国古桥在这几方面都有创造发明,有些是在世界上领先的,如赵州桥的"敞肩拱",洛阳桥的"筏形基础",及铁链吊桥的桥面。不仅技术上如此,即在艺术上,中国有很多古桥的桥身、扶栏、桥屋等的外形还能表达出既现实又浪漫的美妙风格,如颐和园内玉带桥,卢沟桥的石狮栏柱,程阳桥上的五座亭阁。更重要的是,有的桥的结构在学术上有留传下来可以发展的科学理论,如很多古老的石拱桥如今还能胜任现代的繁重运输,就是由于把石拱与两墩结合在一起,发挥其"整体性",并在这整体中,利用其"被动压力",以增加桥的强度而减少其挠度的缘故。

技术和文化上的特色

中国古桥的坚固耐久,主要由于采用了石料,但由于开采与雕凿均都很费工,故用到桥上的石料都力求减省,避免浪费。江东桥的200吨石梁,系因跨度较长之故,亦非故意放大。至于石拱桥,则减轻石拱重量为必要措施。只要能担负桥上载重,拱圈愈薄愈好。其结果,我国石拱桥都比较轻盈,同时显得美观,不似欧洲古罗马石拱桥的笨重。再加造桥工款,往往系募集而来,甚至有一个家族,独力负责建造一座桥，如贵州葛镜桥，因建桥的材料及工款，不得不力求减省，并将造桥时间尽量缩短。

造桥经费的来源，大桥当然多数出自政府，但一般中小桥，往往有赖于民间捐募，特别是乡间的桥。因受佛教影响，"修桥补路作功德"，成为全国民间的普遍信念。有很多桥边有石碑，上刻捐款者的名字。由此出现一个特别情况，即有很多桥与僧人发生了关系，如洛阳桥即有"僧人工程师"参加，因他们通过募捐来修庙修桥，积累了经验，逐渐成为建筑专家。

中国古桥往往附带美术建筑物，如卢沟桥栏柱上的石狮子；赵州桥栏板上的雕刻；桥的两端上的碑亭、人像、牌楼坊、华表等以及桥身上的亭台楼阁，如程阳桥。更特别的例子是把桥身也造成异样形式，如扬州五亭桥、太原鱼沼飞梁、杭州西湖上九曲桥等。这样把技术和艺术融合成一体，扩大桥梁的功用，是中国文化的一个特征。

中国古桥的成就当然是历代桥工匠师的劳绩。他们先当工人，积累经验，从"知其然"以至"知其所以然"；先随集体造小桥，后造大桥，逐渐培养成为造桥工程师。他们有成功经验，但更重要的是善于吸取失败经验和修桥经验。可以看出，许多名桥都有特点，并非抄袭而来，就是因为从总结经验

江苏扬州五亭桥

中得来启发而有所创造的。他们也把经验传之后代，故历史上人才辈出。可惜的是在古代桥梁文献中，这类造桥大师，姓名不彰，只留下赵州桥的李春等。但这并不意味着古时不尊重能工巧匠，因往时官衙都有管理百工技巧的机构，匠师可领工资并为私家服务，有似自由职业者，在社会上是有地位的，虽然还不及能"赶考"的士人。据传记，在1675年5月，俄国彼得大帝派来中国的钦差向中国提出一个请求，就是："请派造桥专

杭州西湖三潭印月九曲桥

家西去，将造桥技术传授给俄国人。"①可见中国古桥在世界上的地位。李约瑟教授在书中介绍了不少外国的来华旅行家对中国古桥的赞扬。

中国古桥还有一个特点，就是每一座桥都有它的一个专用的名字，不像现在的桥都以地为名，如南京长江大桥。古桥的名字都有文学气味，使人见了，不由得发生情感，念念不

---

① 见李约瑟《中国科学技术史》第 4 卷，第 3 册，第 149 页。

忘。或是纪事抒情，引起深思遐想，或有诗情画意，为之心旷神怡。这样，通过慎重题名，一座桥的历史、作用或艺术，就立刻表示出来，因而容易流传，而桥的"身价"也因此而抬高。一座桥出了名，它的别名也会跟着多起来，除了正名还有俗名（如赵州桥是俗名，正名是安济桥）。总之，一座桥成，就一定要题名，好像是一项不可少的"收尾工程"。

在古时，一座比较大的桥完成后，往往在桥头竖立一座石碑，记述造桥的原因及集款施工的经过，并附以赞扬的诗文，最后还要提出作这碑文的人名，如卢沟桥碑文就有乾隆皇帝的御笔。然而，真正负责造桥的工程师姓名在一般的碑文上却不见。但是，工程师的名字虽不见，他们的辛劳成品却流传千古。在中国的大量文学书中，有关桥的文章和诗词歌曲真是多不胜数。还有更多的诗文，借题发挥胸中的压抑心情，往往成为绝唱。即在不专写桥的诗词中，也时常见有一个"桥"字，用来代表欲写而写不出的事物。至于社会上常用的语言中，"桥梁作用"这个词更是时常听到的。

中国古桥在技术、艺术上的某些特点流传后世，有的在今天还在引用，成为优良传统，古为今用。有的桥成为中国的名胜古迹，为国内外旅游者的一个观赏重点，有如"万里长城"。然而，万里长城的伟大是显而易见的，而中国大地上的

　　　　　　　　　　　　　桥梁史话

千千万万座古桥，总的来看，也是伟大的，不过，长城现已无实用，而古桥仍然在为人民造福！

历史上的进程

中国古桥，已有数千年的悠久历史，远古实物，遗迹久已无存。从古文献记载中，早期桥梁，构造是比较简陋的，只是利用木石天然材料，用原始的工具，搭架简易桥梁。垒石断水的叫作"石梁"，聚石的步渡叫作"石杠"，架在水上的独木叫作"榷"，骈木的叫作"桥"。在河广水深的河流上，便采用"造舟为梁"，即后世的浮桥。约在西周（公元前11世纪）初期或更早一些的年代，桥梁形态，大致如此。

史称西周，有"桥梁道路，王政之一端"的施政方针。"九月除道，十月成梁"，在农闲枯水季节，官督民修，修路造桥，反映出春秋（公元前770—前476年）前期路桥岁修的情景。"王道如矢，其平如砥"，则形象地要求道路要像矢箭一般的直，要像石面一样的平。那时对路桥工程的要求，比较高了。距此更早的时代，"尧（公元前22世纪）立诽谤之木"。就是尧在桥头竖立木柱，允许人民对朝政的得失，提出意见。桥头位于通衢，是行人往来必经的公共场所。则桥梁的出现，当在纪元前21世纪以前，比舟车的创建为早。由于奴隶时代生产水平低，演进十分缓慢。

春秋战国（公元前770—前221年）时期，各国诸侯，不断发生局部性的战争。军事行动，往往对路桥交通的发展起着促进作用。各国为了增强国力，发展农工商业，对繁荣经济关系密切的路桥工程、水利工程，都十分重视。齐国管仲"导水源，通郁闭，脊津梁"；魏国西门豹引漳水建十二渠，渠上建桥，以利行人。在整个社会向前发展中，桥梁的建筑，也必然相应提高。通过晋豫让伏桥下欲刺赵襄子和尾生与女子期于桥下"水发而女子不至，抱柱而死"的两段故事，说明永久式的架空跨水的木柱木梁桥，已相当普遍。

古人云："杠梁以成，人不覆危。"这句话是说：造起桥来，人们渡河就有了安全保障。人们为了自身安全，因而热心于造桥活动，桥梁能为人民造福，便对桥梁有了感情。从这个意义上讲，桥的实用功能已经建立，并且深入人心。

秦汉（公元前221—220年）王朝，完成了统一大业，开始了一个崭新的政治局面，秦朝国祚不长，汉承秦制进一步巩固了中央集权的封建政体。为了统一政令，巩固国防，加速农工业生产，首务之急便是发展交通。秦始皇大修驰道，道宽50步，"隐以金椎，树以青松"。规模宏伟，几可与近代道路规划媲美。筑路必然要同时遇水造桥，才能四通八达。当时的帝都咸阳，阿房宫、未央宫巍峨壮丽，气势雄伟的建筑群，对桥梁艺术造型，产生巨大影响。以长大宽广著称的中渭桥，桑柳成荫的灞桥，实用功能与艺术美化相融合，桥梁建筑水平，进入了一个较高的阶段，与政治经济新形势相适应。

约在公元前3世纪前后，桥梁的三大体系，即梁、拱、吊三种类型，已在我国形成。在蒲津渡，建成了黄河上的第一座浮桥。

东汉（公元25—220年）是我国建筑史上的一个灿烂发展时期。人造建筑材料的发明，砖石拱结构的创新，由木桥演进为石桥的大量建造，在我国桥梁史上是一个跃进。石桥坚固耐久，符合经济要求，石墩基础的出现和不断改进，为在河广水深的河道上，建造永久式的多跨长桥，开创了广阔前景。东汉末期的阳渠石桥（公元135年），西晋"下圆以通水"的旅人桥（公元274年），说明石桥建筑技术已经相当成熟。汉末三国（公元220—265年），开始了对江淮闽粤的开发经营，虽然东晋十六国（公元317—581年）政治动乱，战祸频仍，由于江南经济建设的迅猛发展，远远超过了黄河流域的旧有规模，因此，当隋代（公元581—618年）结束了南北分割的混战局面之后，经济恢复很快。这一时期，正是我国石桥建筑遍布大江南北的创建发达时期。同时，汉魏六朝（公元前206—581年），风靡一时的造像石刻活动，石工人才辈出，为建造石桥培训了更多的队伍。敞肩拱安济桥首创于隋代，绝不是偶然的。另一座建于隋仁寿元年（公元601年）的清水石桥，长450丈，石作华巧，与赵州桥埒。又有一座建于隋开皇十八年（公元598年）的澧水石桥，也以雕琢精奇著称于世。可惜清水石桥淤埋在黄河故道中，澧水石桥也无遗迹，仅安济桥保存至今，独享盛誉。

唐宋两代，文物昌盛，国力强大，科学发达，取得较长时期的安定统一。宋代四大发明对世界人类产生了巨大影响。蔡襄时建造的首创"筏形基础"的洛阳桥，被誉为"天下无桥长此桥"的安平桥，潮州的世界上第一座开启式的广济桥，以石狮雕刻著名的卢沟桥，在桥梁建筑上的成就闻名于世，受到历代西方旅游家的盛誉与推重。唐宋两代，可称之为古桥的创新全盛时期，大量的宋代桥梁，留存到今天的为数当不少，虽然历经修葺，有的还保留着旧日风格。

元、明、清三代（公元1271—1911年），政治相对稳定，经济有所发展的地区，对造桥活动，还是相当活跃的。在数量上也继续增加，工艺上也有所进步。对开发较迟的云贵高原，明、清（公元1368—1911年）间兴建了相当数量的各式桥梁，对西南地区的铁索桥的改造与新建，颇有成效。同时对前代在全国范围内为数众多的大小桥梁，进行了多次的修葺与重建，做了大量的维护工作。

地理上的分布

我国幅员辽阔，山河壮丽，江河流域面积在1000平方公里以上的水系，多达1500多条。秦岭-淮河以南，水量丰富，密如结网，加之人烟稠密，交通频繁，道路必须依赖桥梁而后脉络通畅，路多河多，桥梁到处可见，国外旅游家曾有"多桥古国"之誉。在这广阔富饶的土地上，山川形势不同，风土气候各异，经济文化的发展程度不齐，都直接影响桥梁在地理上的分布。

中华民族文化的发祥地在黄河流域，历代政治中心，多在西北、华中、华北地区，经济建设的时代早，时间久。江淮以南，虽然开发经营迟于黄河流域，可是发展迅速，隋、唐（公元581—907年）年代，已形成了江南财富甲于天下的局面。因此，古桥在地理上的分布情况，从年代上讲，秦、汉（公元前221—220年）的名桥，如中渭桥、灞桥，黄河上的蒲津渡浮桥，位于陕西。巴蜀开发较早，秦（公元前251年）李冰建七里桥。建于晋代至隋代（公元265—618年）的著名石桥有河南

江苏南京七孔瓮桥①

---

① 本书所配桥梁插图，部分配以该桥桥墩、桥台、栏板、望柱、桥碑、雕塑等部件，不再另注说明文字。——编者注

的天津桥、旅人桥，河北山东的安济桥、清水石桥、澧水石桥等，江南苏、浙、皖等省以及闽、粤、湘、赣等地，从古桥数量上，远远超过长江以北，但时代上则多在唐代（公元618—907年）以后，而大盛于宋（公元960—1279年）。自宋以降，明、清两代（公元1368—1911年），新建桥梁不少，对于

浙江绍兴太平桥

　　太平桥，位于浙江省绍兴市柯桥区，跨运河，是一座以单孔半圆石拱为主桥，九孔每孔净跨3~4米的石平桥为副桥的石桥。桥宽3.4米，圆拱一端设平台，两面上下。北端石梁有三级，逐渐升高，以通船只，大拱可通大船行道。为河网地带一种多用型桥，因此著名。桥重建于明天启二年（公元1622年），清乾隆、咸丰间两次重建。

前代桥梁的维护修葺，又做了不少工作。对于经济发展较迟的云、贵、桂三省，建造不少工程艰巨的各式桥梁。从总的情况看来，道路桥梁事业显示着日益兴旺的趋向，是符合社会发展规律的。但在历代华夏施政区域以外的少数民族地区，有的迟自近代才从事开发，建桥数量就比较稀少，或者仅为一般甚至较原始的简单结构，如边远地区和遭受外来侵略的省份。这些在政治经济发展上的不平衡，也就存在着颇大程度的差异。

从桥的结构形式上分析，隋唐以后，木柱木梁，已近居次

云南丽江黑龙潭桥

桥梁史话

要地位或仅用于小桥，石桥则长足发展，各省都建成了多层连拱长桥，如北京的卢沟桥，河北的石平桥，江苏的宝带桥、垂虹桥，江西的文昌桥、万年桥，湖南的清江桥、万福桥，云南的双龙桥，广西的程阳桥，山东的泗水桥，浙江的通济桥，安徽的恩汇桥等，在福建则有巨大石梁桥，崛兴于南宋绍兴年间，这说明了历代人民战胜大自然，取得了一个又一个的胜利。

　　自然地理条件的不同，也就是山川地形特殊，对桥型的选择，也就不同。比如在山多谷深的西南、西北地区，西南地

贵州祝圣桥

广西阳朔遇龙桥

区便发展了竹、藤、铁索悬桥，西北地区，则采用伸臂式长跨梁桥。又如多跨梁桥，在浙江为用石墩木梁，在福建则必须采用巨重石梁，才能屹立于海潮江流激荡之中。又自然气候特殊，如东北地区，冰冻时间长，清制在主要河流上各设官渡，不建桥梁。又由于物资运输方法的不同，如北方拱桥，因为陆地运输以骡马大车为主，所以多为宽广平坦的石拱桥；江南以水运为主，因而采用驼峰隆起的石拱桥，便利桥下通航。

安徽登封桥

　　登封桥，位于安徽省休宁县岩前区齐云山之北，跨横江，为九孔半圆形石拱桥。桥长147米，宽7.2米，高13米，拱跨径14米。建于明万历十五年（公元1587年），清康熙五十七年（公元1718年）重建，乾隆五十三年（公元1788年）被水毁，七年后重建。

技术上的发展

　　桥是过河越谷的空中道路，凡是在浅水中抛石块，或作土堤，以便步行过河的都不是桥。桥有两组基本构件：一是桥面即桥梁，以便走人过车；一是桥柱，以便将桥面抬高，离开水面，就像楼房要有楼板和楼柱一样。所不同的是楼柱四面皆空而桥柱则深入水中，并且桥柱入土的基础要比楼柱的基础在施工上难得多。因此，古代宫殿比古桥早。据史书，在公元前1000多年，虽是一位国王，要过渭水迎亲，也只能用船连接成一座浮桥，长380步。500年后，在汾水上，有木柱木梁桥，计有30柱，柱径五尺，显然是座多孔木梁桥。秦始皇（公元前221年）统一全国后，在首都咸阳造渭河桥，"广六丈，南北三百八十步，六十八间，七百五十柱，一百二十二梁"，则是一座更大规模的木柱木梁桥。以上所谓木柱，即是木桩，在2000年前，已经掌握了打桩技术，这是后来大规模造桥的基本条件。由木柱木梁桥逐步发展为石柱石梁桥，如西安灞桥，所谓石柱即桥墩的雏形，建立在天然地基上。其后将石柱扩大为桥墩，体积大增，从地基到桥面为一整体，其断面初为矩形，其后将迎水一面改为尖角形，以分水势。这种笨重石墩，所有古桥，都大致相同，但砌石方法为多样，有的石块层层叠高，两层之间无灰浆，或有灰浆，或用铁条连接。至于两墩之间所顶托的桥面，有的是木板，有的是石板，更有木石分层并用的。木板桥面有一种特殊结构的是"伸臂桥"，即从桥的两端各伸出一段短梁，在两短梁之间，安上一段长梁，以期延长桥的跨度，如兰州的"握

　　　　　　　　　　　　　　　桥梁史话

桥"。

　　石墩石梁的古桥，技术比较简单，但在福建泉州滨海的跨海长桥，亦多杰出的结构。首先是福建泉州洛阳桥创建了"筏形基础"，其次是泉州安平桥，长2500米，有桥墩361座，在建桥时（公元1138年）为国内最长之桥。福建漳州有江东桥，最大一孔跨径为25米，桥面为三块大石块铺成，最大一块重200吨。有一座特殊的石墩石梁桥是梁舟结合的广济桥，位于广东潮州的韩江上。桥分东西两段，东段十二孔，长283米，西段七孔，长137米，中间用18只木船搭成浮桥，可以开合，以便过船。桥建成于公元1226年，为世界上较早的"开合桥"。

　　古代造桥匠师早就看到不论木梁或石梁，在载重时，都会下弯，如负载过重，就会断裂，其故由于梁的下面伸长太多而上面则好像无变化，实际是缩短了。看到大建筑的较宽的门窗上，用了砌砖的弯拱，得到启发，如将桥的梁，从平直改成拱形，就可延长桥的跨度，从此就产生了拱桥。一经出现，到处风行，绵延不断，以至今日。最早的拱桥，是否中国首创，姑不具论，但在东汉（公元25—220年）的一个画像砖上，即见有拱桥；而在历史文献中，在公元282年时，即有拱桥的记录。其后历代相传，造拱桥的技术逐步发展，有各种拱圈形式，如半圆形、弧形、尖弧形、多角形等。拱圈系在河中架上，将雕琢好的石块连接砌成。由于桥的宽度需要排列很多石块，其排列就有几种方式，如"纵联""并联"等。石块与石块之间，有的是平面接触的，有的是有卯榫的，形成所谓"无铰拱"与"多铰拱"。结构上的特点，一是拱圈力求其薄，以期发挥石块的最大强度；二是将拱圈与两端桥墩密切联系，以期发挥桥的整体性；三是拱圈上遇有一半载重，一半无负担，如重车上桥未到拱顶时，则拱圈两半的弯度不同，应当减少其差度。最突出的是在1300多年前建成的赵州桥，首次创造了"敞肩拱"，比欧洲早700年。

石拱桥在小河上为"单拱"，在大河上为"连拱"，即一串拱桥，连成一线，每个桥墩左右各有一拱。由于墩拱相连，在一个拱上的载荷，可以通过桥墩而传至其他拱，全桥成为一个整体，如北京卢沟桥、苏州宝带桥、吴江垂虹桥、江西万年桥等。

不论梁桥或拱桥，除去单孔桥外，凡是多孔长桥，都需要在两孔连接处由桥墩支持，而桥墩必须深入水中，下达坚实基础。如果在怒水深谷中无法造桥墩，则多孔桥成为不可能，甚至单孔桥亦难于施工。这种问题，只有悬索"吊桥"能解决，或在施工时利用悬索来运人运料。

吊桥的来源很古。在西南一带和西藏，因山多谷深，无法造桥墩，就用藤、竹作缆索，跨过深谷，人援缆索过渡。缆索有单索、多索之分，索上过人，也有几种方法。到公元前200年前，有了冶炼生铁方法，于是出现了"铁链吊桥"，并对铁链下的桥面如何悬挂，也有各种结构。铁链两端，则牢固地锚定于两岸桥台。最著名的吊桥，有泸定桥、盘江桥、珠浦桥等。

以上三种桥梁，梁桥、拱桥、吊桥的施工技术，除桥墩与桥台大致相同外，至于桥墩基础及桥身、桥面的结构，则因材料与形式的不同，加以地质、水文、气候等条件，致有各式各样的建桥方法。然而不论环境如何困难，工具如何简单，总能完成任务，可见当时的建桥队伍的智慧和能力，这里面当然是名师辈出。17世纪（公元1634年），僧人如定去日本，在长崎指导建造了眼镜桥，这是中国建桥技术的输出。当然也有引进，可惜资料不全。泉州洛阳桥施工，有赖于僧人道洵、义波等，他们中可能有从国外来的，因泉州是对外贸易港。

艺术上的处理

桥是为交通运输建造的，但既然是个建筑物，为千千万万人所瞩目，就不能使人见了而产生厌恶之感，特别是城市中或靠近城市的桥。因而中国古桥建造很重视美观，与环境的天然景色相配合。这首先表现在桥的位置，要建造在交通便利而不妨碍其他建筑物的地点。其次在桥本身的形式，要突出其作用而无不必要的装饰。最好要能使人看出，桥的结构的特点所在，引起对桥的兴趣，好像看到一件艺术品。如北京颐和园内的玉带桥、河北省的赵州桥、苏州的枫桥等，都是令人看了感到非常可爱，值得欣赏，它们的相片就像一幅风景画。至于多孔桥，如一线长龙，每孔都有佳趣，而全桥成一整体，令人叹其伟大，如北京卢沟桥、苏州宝带桥、江西万年桥等。

更有将多孔桥布置成赏心悦目的各种形状，从上空看去，各桥孔不是连接成一条直线，而是将各单孔有意摆成有美术意味的图案，如杭州西湖九曲桥，两端各有一亭，从此亭到彼亭，路经九曲桥，每一曲有一曲的观赏，可以饱览湖山之美。江苏扬州五亭桥，主梁两端，各分出左右两小梁，共五梁，下面有十五洞，月满时，每洞各有一水中月影，堪称奇观。山西太原"鱼沼飞梁"系十字形的小梁桥，正桥中段，左右各伸出一短梁，正桥与短梁相交处，形成一个小广场。桥下有水养鱼，故称"鱼沼"。

很多桥上有"桥屋"，以供行人休息；有的造得非常考究，亭台楼阁俱全，俨若宫殿。广西三江程阳桥，长百余

桥梁史话

山西晋祠鱼沼飞梁

　　鱼沼飞梁，位于山西太原市西南约15公里的晋祠圣母殿前，为古桥中仅有的十字梁桥。鱼沼为矩形砌石泉池，泉水出自圣母殿殿基。长17.9米，宽14.8米，四周皆绕石栏，宛如四沼。飞梁与圣母殿同建于宋天圣间（公元1023—1032年），鱼沼前铁狮子铸于宋政和八年（公元1118年）。《水经注》："晋叔虞祠，水侧有凉堂，结飞梁于水上。"是则六朝时代已有泉水及飞梁。

米，系伸臂式梁桥，在每一桥墩处，建有一宝塔式的四五层楼的楼阁，非常雄伟。

不论单孔或多孔桥，其桥旁栏杆，如系石制，则栏柱栏板都有雕刻，非常精美。如卢沟桥栏柱上的石狮子，是世界闻名的；至于赵州桥的栏柱栏板，也是因精工细刻而享有盛誉。

中国古桥更有一类为世界所无的，即园林中的小桥。它们不是为了交通而造，而是为了点缀风景。那里的小山小水，有

河北井陉桥楼殿

桥梁史话

台湾慈母桥

四川泸州龙螭桥

时本不要桥，但作为亭台楼阁的陪衬，或要水中倒影的烘托，就来些水上小桥，借景生色。有时造水上游廊，下面是桥，上面盖屋，两旁红栏，更增佳趣。有时把桥造得很低，几乎与水相平，人行其上，恍同步水。有时把桥造成五转七曲，过桥时，引起景移物换之感。有时是桥上有亭，桥下有拱，上面是画栋雕梁，下面是月波荡漾。园林桥的建筑，既要景象万千，又要浓淡入画。园林中造桥，需要一种特殊技术，就同在园内堆石造山一样。

文化上的影响

中国古代的科学技术，在当时的世界上是素不落后的，有时甚至是领先的，古桥就是一例。它的成就孕育着不少科学技术问题的突破，因而对其他各种工程建设，如建筑、造船、道路等，甚至对自然科学如力学、物理、地质等，皆有促进的作用。当然，这类工程建设与自然科学中的某些部门，亦为古桥提供了极宝贵的借鉴，至于桥梁作为交通工具，当然对科学技术的文化交流是必不可少的。

对于文学，古桥是个极好的题材，以供写照，并可借题发挥。首先是写"桥记"，即叙述造桥的需要及经过，留下了可靠的记录，成为修桥的最好资料。在全国各省的《地方志》中，这类文献是很丰富的。几乎所有的名桥都有名人写的桥记，传之后代；有的还刻在石碑上，立在桥上，如赵州桥、卢沟桥、洛阳桥、灞桥等皆是。其次是写与桥有关的人物故事，如在公元前500年，有人名尾生，与一女子，相约会于一座桥下，水发而女子不至，尾生即抱柱而死。又如大文学家司马相如（约公元前179—前118年）从家乡出外求官，在一桥柱上题字云"大丈夫不乘驷马车，不复过此桥"，后来果然做了大官，此桥就名"驷马桥"。又如约公元250年时，大政治家诸葛亮，在一桥边，送人远行，说"万里之行，始于此矣"，后来此桥就名为"万里桥"。再其次是借景抒情，如西安灞桥，送客远行，在桥边折柳枝送别，此桥就名为"销魂桥"。公元1127年宋徽宗为金人所掳北上，路过一桥，流泪说，"过此向大漠，安得似此水，可以还乡"，就名此桥为"思乡桥"。在古代名人的文集中，常有如上所述的与桥有关的大文章，为桥增辉不少。

至于诗词歌曲中，以桥为对象而发抒情感的比文章更多，可以说，著名诗人的创作中，几乎无人不提到桥的。数不清的著名诗词的警句中，往往就有了"桥"字，尽管并非写桥本身。因为除去桥本身的形象、气派、技巧等足以动人外，其跨河越谷的作用，将原来分离两地的双方连接在一起，形成纽带，是足以引起各种离合悲欢的情绪的。再加桥总是处在山明水秀或荒郊僻壤之中，成为孤独的个体，或为山河生色，或为胜景赘瘤，皆足供咏叹之需。可以说，"桥"这个字对于诗人词家是非常亲热的，就像模特儿对画家一样重要。

上述的中国古桥都有文学意味的名字，不像现在的桥都以地为名，如南京长江大桥，只有极少数以人为名的，如南京中山桥（纪念孙中山）。所谓"文学意味"就是用桥的名字来作推进文化之一助。这种桥名可分四类，除去简单桥名如：山桥、江桥、野桥、方桥、斜桥、画桥、朱桥、天桥等外。第一类为写景，如花桥、柳桥、垂虹桥、春波桥、海棠桥、胭脂桥、月样桥、绿杨桥等。第二类为表扬，如安济桥（即赵州桥）、万安桥（即洛阳桥）、灭渡桥、安平桥（即五里桥，长2070米）、夫妇桥（即珠浦桥）、葛镜桥等。第三类为纪事，如上述万里桥、驷马桥及兰亭桥、洗耳桥、宵市桥等。第四类为抒情，如上述销魂桥、思乡桥及情尽桥、忘恩桥等（每桥命名都有故事）。

中国古桥在文化上，除对文学有很大影响外，其他方面如绘画、雕刻、戏剧、电影等，皆有各样不同的关联。在中国画的所谓山水画中，时常要有茅屋和小桥的衬托，如一曲中所谓"小桥流水人家"。宋代著名的《清明上河图》中的虹桥，用绘画表现出造桥的技术，更为可贵。雕刻前面已提过。至于戏剧与电影，则有很多有关桥的故事搬上了舞台。如历史戏中的《长坂坡（桥）》《金雁桥》等，恋爱戏中的《断桥相会》《草桥惊梦》《虹桥赠珠》等。更有直接宣传造桥故事的灯彩戏《洛阳桥》，演出造桥中的困难，以及桥成后各种行业中人过桥时如何欢乐的情景。

　　除上述外，更有带艺术性的神话。由于桥的功用是克服障碍，把不可能的事变为可能，这就引起人们的美丽幻想。如看到天上彩虹像人间拱桥，就在诗文中把拱桥比作长虹、垂虹、飞虹等。更因虹的两端落地，就说上虹就可上天，虹是人间与天上之间的一座桥。还有最著名的"鹊桥"神话：天上的"牛郎""织女"在银河上相会。《白帖》云："乌鹊填河成桥，而度织女。"传说中的神仙本来是腾云驾雾的，但在银河之上却需要桥，人们便把桥的作用抬高到天上去了，更为这段神话传说增添了旖旎风光。又如陕西蓝田县蓝溪上的蓝桥，传其地即唐裴航遇云英处，"蓝桥"也一向被人视作青年男女自由结合的美丽传说。此外，各地桥以"升仙"为名的特别多，这也是过去人民长期处于封建统治压迫下渴望精神解放的一种反映。

历史长河中，文化是各个时代的化石，它忠实记载着各个世纪人民的情感和愿望，又往往把桥当作观山碑石，写下他们的情思。

我应国家文物局之约，写成此文，不是发思古之幽情，而是回顾古代的灿烂文化，为的是古为今用，创造出更新更美的桥梁。

中国石拱桥 [1]

　　石拱桥的桥洞成弧形，就像虹。古代神话里说，雨后彩虹是 "人间天上的桥"，通过彩虹就能上天。我国的诗人爱把拱桥比作虹，说拱桥是"卧虹""飞虹"，把水上拱桥形容为"长虹卧波"。

　　石拱桥在世界桥梁史上出现得比较早。这种桥不但形式优美，而且结构坚固，能几十年、几百年甚至上千年雄跨在江河之上，在交通方面发挥作用。

　　我国的石拱桥有悠久的历史。《水经注》[2] 里提到的旅人桥 [3]，大约建成于公元282年，可能是有记载的最早的石拱

---

　　[1] 此文发表于《人民日报》1962 年 3 月 4 日。

　　[2]《水经注》，南北朝时期北魏郦道元给《水经》作的注释。这是古代记述我国江河分布情形的书。

　　[3] 旅人桥，据记载，这座桥在洛阳附近，约建于公元 282 年（西晋武帝太康三年），后来塌毁。

桥了。我国的石拱桥几乎到处都有。这些桥大小不一，形式多样，有许多是惊人的杰作。其中最著名的当推河北省赵县的赵州桥，还有北京附近的卢沟桥。

赵州桥横跨在洨河①上，是世界上最伟大的古代石拱桥，也是造成后一直使用到现在的最古的石桥。这座桥修建于公元605年左右，到现在已经1300多年了，还保持着原来的雄姿。到新中国成立的时候，桥身有些残损了，在人民政府的领导下，

重庆万州陆安桥

① 洨河，在河北省西南部，流经赵县。

桥梁史话

经过彻底整修，这座古桥又恢复了青春。

赵州桥非常雄伟，全长50.82米，两端宽约9.6米，中部略窄，宽约9米。桥的设计完全合乎科学原理，施工技术更是巧妙绝伦。唐朝的张嘉贞①说它"制造奇特，人不知其所以为"。这座桥的特点是：第一，全桥只有一个大拱，长达37.02米，在当时可算是世界上最长的石拱。桥洞不是普通半圆形，而是像一张弓，因而大拱上面的道路没有陡坡，便于车马上下。第二，大拱的两肩上各有两个小拱。这个创造性的设计，不但节约了石料，减轻了桥身的重量，而且在河水暴涨的时候，还可以增加桥洞的过水量，减少洪水对桥身的冲击。同时，拱上加拱，桥身也更美观。第三，大拱由28道拱圈拼成，就像这么多同样形状的弓合拢在一起，做成一个弧形的桥洞。每道拱圈都能独立支撑上面的重量，一道坏了，其他各道不致受到影响。第四，全桥结构匀称，和四周景色配合得十分和谐；就连桥上的石栏石板也雕刻得古朴美观。唐朝的张鷟②

---

① 张嘉贞，唐玄宗开元年间的一个宰相。他在公元725年（开元十三年）为修整赵州桥（又名安济桥）所写的《安济桥铭序》中说："制造奇特，人不知其所以为。"意思是，制作构造很奇特，人们不知道它是怎样修造的。

② 张鷟，唐代文学家。他在《朝野佥载》中说，赵州桥"望之如初月出云，长虹饮涧"。意思是，看起来好像是穿出云层的一弯新月，又像是入涧饮水的一道长虹。

说，远望这座桥就像"初月出云，长虹饮涧"。赵州桥高度的技术水平和不朽的艺术价值，充分显示了我国劳动人民的智慧和力量。桥的主要设计者李春就是一位杰出的工匠。在桥头的碑文里还刻着他的名字。

永定河[①]上的卢沟桥，在北京附近，修建于公元1189—1192年间。桥长265米，由11个半圆形的石拱组成，每个石拱长度不一，从16米到21.6米。桥宽约8米，路面平坦，几乎与河面平行。每两个石拱之间有石砌桥墩，把11个石拱连成一个整体。由于各拱相连，所以这种桥叫作连拱石桥。永定河发水时，来势很猛，以前两岸河堤常被冲毁，但这座桥却从没出过事，足见它的坚固。桥面用石板铺砌，两旁有石栏石柱。每个柱头上都雕刻着不同姿态的狮子。这些石刻狮子，有的母子相抱，有的交头接耳，有的像倾听水声，千态万状，惟妙惟肖。

早在13世纪，卢沟桥就闻名世界，那时候有个意大利人马可·波罗[②]来过中国，他的游记里，十分推崇这座桥，说它"是世界上独一无二的"，并且特别欣赏桥栏柱上刻的狮子，说它们"共同构成美丽的奇观"。在国内，这座桥也是历

---

① 永定河，在河北省西北部，流经北京市郊区。

② 马可·波罗，意大利人，曾于1275年来中国，在元朝任职17年。著有《马可·波罗游纪》，介绍他在东方的见闻。

桥梁史话

湖南三眼桥

来为人们所称赞的。它地处入都要道，而且建筑优美，"卢沟晓月"很早就成为北京的胜景之一。

卢沟桥在我国人民反抗帝国主义侵略战争的历史上，也是值得纪念的。在那里，1937年日本帝国主义发动了对我国的侵略战争，全国人民在中国共产党领导下英勇抗

战，终于彻底打败了日本帝国主义。

为什么我国的石拱桥会有这样光辉的成就呢？首先，在于我国劳动人民的勤劳和智慧。他们制作石料的工艺极其精巧，能把石料切成整块大石碑，又能把石块雕刻成各种形象。在建筑技术上有很多创造，在起重吊装方面更有意想不到的办法。如福建漳州的江东桥，修建于800年前，那座桥有的石梁一块就有200吨重，究竟怎样安装上去的，至今还不完全知道。其次，我国石拱桥的设计施工有优良传统，建成的桥，用料省，结构巧，强度高。再其次，我国富有建筑用的各种石料，便于就地取材，这也为修造石桥提供了有利条件。

2000年来，我国修建了无数杰出的石拱桥。新中国成立后，全国大规模兴建起各种形式的公路桥与铁路桥，其中就有不少石拱桥。1961年，云南省建成了一座世界最长的独拱石桥，名叫长虹大桥，长达112.5米。在传统的石拱桥的基础上，我们还造了大量的钢筋混凝土拱桥，其中，双曲拱桥是我国劳动人民的新创造，我国桥梁事业的飞跃发展，表明了我国劳动人民的勤劳勇敢和卓越才能。

赵州桥与李春 [①]

  通车了1370多年，现仍继续服务的河北省赵州桥，突出表现了中国古代桥梁的科学技术成就；造桥工人中的代表李春，是中国古代杰出的桥梁工程师。

  我国资源丰富，人民勤劳，自古以来，就建成了大量的宏伟的各种形式的桥梁，成为我国文化悠久的一种标志。它们散布在全国各地，往往在穷乡僻壤，竟会偃卧着一座结构奇特的名桥，而在通都大邑，水网纵横地区，更是条条大路，有路就有桥。从桥梁事业的发展，可看出历代政治、经济、文化的演变，尽管我国历史文献，对于桥梁的记载极端贫乏。桥梁是永久建筑物，从它现在的遗迹，可以窥知其创建时设计的构思和施工的技巧，因而鉴别出这桥在科学技术上的水平。可以

---

  ① 本文写作于1973年。

说，我国数千年来的古桥，是无愧于我们伟大的中华民族的。

可惜很多杰出的名桥，遗迹不存，仅能从文献中知其概要。《诗经》中有"亲迎于渭，造舟为梁"之语，这梁是我国很早的"浮桥"，据说是周文王所制。到了秦始皇时，这渭河上的桥，改造为"石柱桥"，"广六丈，南北三百八十步，六十八间，七百五十柱，百二十二梁"（见《三辅黄图》），唐代杜牧《阿房宫赋》中说这桥"长桥卧波，未云何龙"，可见这桥的伟大。西汉末王莽时，"灞桥火灾，数千人以水沃救不灭"（见《汉书·王莽传》），这座"木梁桥"的结构，规模宏伟，可以想见。到了西晋时，河南洛阳有"旅人桥"，"悉用大石，下圆以通水，可受大舫过也"，"太康三年（公元282年）十一月初就功，日用七万五千人"（见《水经注·穀水条》），这是见于记载的最早的大型"石拱桥"。宋代张择端的名画《清明上河图》里有开封汴河上的虹桥，则是大型"木拱桥"，用五根拱木作骨架，若干横木作支撑，全用绳索捆扎而成，构制奇巧。甘肃兰州有握桥，传说建自唐代，系木制"伸臂桥"，用大木纵横叠置，"更相镇压"，两岸同时并进，节节挑出，于河心相遇，故名飞桥，又名握桥。

如同上述的，现在已经不存而历史文献中留名的，以中国之大，数不胜数，这里提出的只是其中有代表性的6种形式，在当时技术上各有独到之处，为后来桥工开辟了道路。

最堪幸运的是，新中国成立后，在党和毛主席领导下，全国重要古桥得到国家保护，并加以修缮，恢复了原来的雄姿。不但显示出历代桥梁的科学技术成就，而且对其中优秀传统，借此发扬光大，为"古为今用"之一助。

在现存的历代古桥中，最能表示我国建桥传统的精华的，无过于隋代建成的"赵州桥"。这桥已经很古，但它的新创造必然有其基础，来源于更古的桥的技术。同时，它的成就，也给后来的桥工以莫大的启发，赵州桥在我国桥梁史上，起了承先启后的作用。它对我国古代文化的贡献，大大超过它在当时政治、经济上的价值。

赵州桥，又名安济桥，位于河北省赵县的洨河上，建于隋代开皇末年至大业初年（公元605年左右）。它是座石拱桥，全长50.82米，中间一孔，跨度37.02米。这独孔的"拱圈"不是一般的半圆形，而只是圆弧的一段，形成一个"扁弧"，因而拱上跨面平缓，便于车马通行。桥宽约九米，分为三股，中间走车，两旁行人，均由石块铺成路面。在路面与扁弧"拱圈"之间，桥中心两旁，各有一三角地带名为"拱肩"。一般石拱桥，都用土石将此拱肩填满，成为"实

河北赵州桥（安济桥）

李春像

肩"，但这桥，却在两边三角地带各开两个小拱洞，使"实肩"变成"敞肩"，因而赵州桥是世界石拱桥中最早创建的"敞肩拱桥"，在欧洲到了19世纪才通行。桥的拱圈，全由石块砌成，按一块石厚度砌成一道拱圈，全桥28道拱圈，各自独立，但彼此密切贴合，形成整体。拱圈两脚，嵌入两岸桥台，由五层石料覆压于沙土地基而筑成。桥上路面两旁，各有扶栏望柱，栏板为蟠龙石雕，望柱上有狮首石像。

赵州桥在工程技术上，有下列特点：① 全桥只有一孔石拱，跨度长达37.02米，在当时是罕见的。② 石拱的外形是"扁弧"，而非一般的半圆。③ 全桥石拱，由28道独立拱并列拼成，而非全桥宽度的整体大石拱。④ 大石拱的两肩上，各有两个小拱。这些特点，都是解决了实际问题的结果，都是当时的需要与可能，在统一矛盾的过程中，逐步结合而形成的；是由于形势所逼，不得不创造新结构的表现。当然不是标新立异、故作新奇的产物，更非一个天才的超人的独创。

为何这桥是独孔，而非多孔呢？洨河虽非巨川，但河道并非狭窄，按当时的桥梁传统，大概是应当用多孔桥的，因为孔多则每孔"跨度"小，每一跨度的桥梁就不需过大，易于选料和制作。但孔多则水中桥墩也多了，不但压缩河道，抬高上游水位，而且每个桥墩要能抵抗水的冲击，能起中流砥柱的作用。洨河平时水小，但至夏秋霖潦，山洪暴发，则"惊涛拍岸，势不可当"，如果河中有墩，年年受洪水冲击，而墩为石块砌成，石块之间，无防水的黏结材料，最后必致坍塌。赵州桥所以是独孔，就是为了避免水中筑墩；不是怕施工困难，因为当时有多孔桥，已有这种经验，而是怕筑成后终于坍塌。何以知道会坍塌呢，必是有鉴于"前车之失"。可见在现存的赵州桥以前，洨河上必然有过桥梁，因桥墩一再坍塌，而一再重修。当地有一种传说，"现存的赵州桥，是隋代重修的，远在战国时代，洨河上就有桥"，虽无文献证明，但在隋代以前就有桥，是可以肯定的，也许将来出土文物，可供资料。如果隋代造的是洨河上第一座桥，为何不造一般的多孔桥，而造独特的长跨度的独孔桥呢？

为何这桥的石拱是扁弧形，而非半圆形呢？在隋代重建赵州桥时，石拱桥这种结构形式，已开始普遍，如唐代即有宏伟的苏州宝带桥。因为石拱可用块石拼砌，而石梁则非整块大石不可，遇到大跨度的桥，石拱更是当时唯一的形式。其初，石拱多是半圆形。如西晋时的旅人桥，即是"下圆以通水"，其后逐渐变化，有椭圆、五角、蛋尖等形，但扁弧很少，赵州桥可能是首创。这桥跨度，长达37.02米，如用半圆形，则"拱高"将达19米，载重车辆如何能上桥呢？而且，造石拱，先要在河中搭"木拱架"，在架上砌石拱，拱架过高，难期稳定，而在架上施工，亦较危险。唯一出路，就是将拱顶降低，降低到便于现在施工、将来行车的程度，这就自然而然地将拱形变成一个扁弧了。好在洨河上船不大，石拱高度虽只有7.23米，并无妨碍。按照现在力学理论，扁弧比半圆更好，因可增加强度及稳定性。再有一个随之而来的优点，就是所需石料和人工，扁弧比半圆大大减少了。

为何这桥用了28道独立石拱拼成，而不用一道等于桥宽的大石拱呢？赵州桥石拱，全部用大小约略相等的石块砌成，长与高均约一米，厚30厘米左右，每块重约一吨，全拱需石约1300多块，共重1000吨以上。砌石拱的方法，主要不外"横砌"与"纵砌"两种，都需要在河中先造"大拱架"，作为拱的支架和拱形的样板。横砌是在架上，将石块砌成与桥宽相等的长条，从两端拱脚起，一条一条地砌向拱顶，完成一座与桥等宽的大石拱。纵砌是在架上，按石块厚度，砌成一道很窄的，与桥同跨度的独立拱，一道一道地并排砌下去，拼成一座与桥等宽的大石拱。两种方法，各有利弊。在赵州桥，如用横砌，则木拱架的宽度，与桥宽相等，架上的重量，为全桥石块的1000多吨，当然要很多木料，而且这种庞然大物，将河道填满，桥工又不是在枯水时期能完成，一年一度的洪水，这拱架和架上石，如何能顶得住呢，拱架倒了，前功尽弃。若用纵砌，则每道独立拱，不过1/3米厚，共需40多块石，从两边拱脚砌向拱顶，每边不过20多块石，重20多吨，在一个枯水时期，可砌几道这样的独立拱，到洪水时期，将拱架拆去，到明年枯水时，再立拱架续砌，既保证安全，又节省木料。在这里也可看到赵州桥用同样大小的石块，是从经验教训得来的方法，对于造桥工具及劳力，便利得多。石块各面，均镌刻斜纹，相当细密，为的是在各石块贴合处增加摩擦力。各石块之间，不用灰浆，以免受它伸缩的影响。这样纵砌成的28道独立拱，有一些情况值得注意：在千年服务期中，这桥损坏多次，但皆限于外侧的几道拱，里面的20道拱，依然完好，未影响全桥安全。这些损坏的独立拱，可以从里向外一道一道地修理，比较方便。两端拱脚的桥台基础，在桥成后，要经过一段沉陷过程，才能稳定，在沉陷时，由于各拱独立，各可自行调整，因而全桥的"变形"不大。两道独立拱之间，难免留有缝隙，不能如块石之间因受挤压而贴合，致使缝中积水，影响石质。然而这些缝隙，在温度变化时，有"伸缩缝"的作用，在两道邻拱"变形"不一致时，起"沉降缝"的作用。最成问题的是，用了这许多独立拱，如果各行其是，那就破坏了全桥的"整体作用"。造桥者当时，深深认识到这个缺点，故采用了五种措施，来加强这28道独立拱的结合，使全桥大石拱，基本上形成一个整体。

为何这桥在石拱的两肩上，各有两个小拱洞呢？在木拱架上砌一块石厚的独立拱，从两端拱脚起，将石块逐块地砌向拱顶，木拱架上重量，愈来愈大，等到石块砌到拱顶，将拱顶石插下，使全拱合龙时，则拱的重量全由拱本身承担，木拱架如释重负了，但还不能拆走，因一道拱只一块石厚，而跨度长达37.02米，非常单薄，必须砌好几道拱，增加厚度，并在拱背上，从拱脚起，加砌垂直边墙，内填土石，增加拱上重量，使之稳定，才能将木拱架拆走。这时如遇洪水，冲击边墙水压力，可能将这几道单薄拱推倒。这是个严重问题，可能在隋代以前的桥上发生过。于是赵州桥建造者被迫想出减低边墙上水压力的方法，那就是在边墙上和墙内填土中，开两个洞，来分流洪水，结果就是在大拱上，砌了四个横贯桥身的小拱。因有小拱洞而减少了大拱上的载重，似乎可能影响大拱的稳定性，然而在小拱的拱脚处，有小拱上负担的集中压力，对于大拱，仍然是稳定因素，等到28道独立拱全部完成后，这个施工中的稳定问题，便不存在了。依然存在的是这拱肩上四个小拱的长时期作用。这就是减少了拱肩上土石填料500多吨，等于桥身自重的1/5；在洨河发水时，通过小拱洞分泄洪流；而且，大拱上有了小拱，全桥更加美观了。这些意外收获，后来成为赵州桥对桥梁技术的主要贡献，使它在世界上成为"敞肩拱"的始祖。

在艺术上，赵州桥也是个光辉形象。它的弧形扁拱和拱肩小拱本身，就是个艺术品。线条柔和，构造空灵，既稳重，又轻盈，寓雄伟于秀逸。今天看它的照片，就像看一座现代化的钢筋混凝土拱桥。至于桥面上栏板望柱的各种石雕，多系当时精品，亦值得称道。

赵州桥历时千载而依然屹立，必有其长期存在的理由。首先是在设计与施工上，必然吸收了过去古桥与当时新桥的经验，反复实践，得到成功。它的结构形式，暗合力学理论，它的实践，发扬了科学。赵州桥是古桥中实际与理论统一、主观与客观统一的一个最好范例。

这座古老而新奇的赵州桥，是谁造成的呢？是隋代以李春为代表的工人群众造成的，因为唐代张嘉贞所作的《安济桥铭序》一文中的第一句话就是："赵郡洨河石桥，隋匠李春之迹也。"张嘉贞在公元720年时为唐朝宰相，去赵州桥成，不过百年，所言当属有据。过去史书，轻视工农群众，如李春之类杰出大师，竟无一书道及，以致其身世不详，实为憾事。可以想见，以赵州桥技术的复杂和问题的尖锐，任何经验丰富、才能出众的人，都不可能独任其劳，将它全部解决，成为一个个人的奇迹；但他身居领导地位，能倾听群众意见。集中群众智慧，善于指挥群众，与群众同甘共苦，充分发挥群众力量，终于完成交给他们的艰巨任务，则是完全可能的。今天纪念李春，就是纪念建造赵州桥的全体劳动群众，纪念他们的功绩，为古今人民服务，为我国文化争光；同时，也纪念李春所代表的我国古代的所有的桥工巨匠，因为李春他们的成就，无疑是他们的先驱者的经验的总结，和在这基础上的推陈出新。

赵州桥建成后，四方来者，赞叹不绝，历代歌颂诗文，有增无已。最早见于碑刻的为上述张嘉贞的《安济桥铭序》，其中有云，"制造奇特，人不知其所以为。试观乎用石之妙，楞平砧斗，方版促郁，缄穹隆崇，豁然无楗"，"两涯嵌四穴，盖以杀怒水之荡突"，"非夫深智远虑，莫能创是"，"目所覩者，工所难者，比于是者，莫与之京"。这块原来刻字残石，已从桥下发掘出来。其后几乎每隔一个时期，就有这类赞美诗文出现，千百年来层出不穷。至于民间传说，全国宣扬，形诸说书、唱词、神话等来称赞的，更是普遍，尤其在北方。足见这桥的"制造奇特"，深入人心。这桥在交通上并非特别重要，在规模上，历代古桥中比它更长更大的也很多，而享名如此久远，也说明桥梁技术之如何为人重视。

赵州桥建成后，树立了榜样，风声所播，各地仿效者甚多。就在赵州清水河上，有永通桥，形式结构，几乎完全相同而较小，故安济桥又名大石桥，而永通桥就名小石桥。赵州又有济美桥，也在洨河上，建成于明代（公元1594年），当时正在修理大石桥，均也用了敞肩拱。在山西，有晋城的景德桥，建成于金代（公元1161—1189年）；有崞县（崞阳镇）的普济桥，也建成于金代（公元1203年）。在河南，有济源的望春桥，建成于金代（公元1177年）。在浙江，有余杭的苕溪桥，建成于明代（公元1368年）。这些都是石拱桥，大拱上都有小拱，不过有的小拱在大拱脚的桥墩上，还非正式敞肩拱。后来，赵州桥的传统，绵延不衰，到了现代，更是日益发扬了。

因有赵州桥，才有赵州桥的技术，赵州桥是怎样产生的呢？当然由于交通需要，更由于有能满足这需要的各种条件。赵州桥技术的可贵，即在于巧妙地利用这些条件，来满足面临的迫切需要。

赵州在隋代，地处要冲，为南北官道所经，交通繁盛，历代歌颂赵州桥的诗文中，都提到这点。如唐代张彧《安济桥铭》说："万里书传，三边檄奏，邮亭控引，事物殷富，夕发蓟埌，朝趋禁溜。"宋代杜德源《安济桥诗》云："坦平简直千人过，驿使驰驱万国通。"其他多不备述。可见赵州洨河上，如果无桥，交通是如何的不便。幸而当时具备多种条件，来建成这样的一座桥。

隋代统一全国后，使连续300年的战事得以停止，民众获得休息，因而社会逐渐繁荣，"课税轻，徭役少，户口增

　　　　　　　　　　　　　　　桥梁史话

多，朝廷富裕"，隋代前期的经济景象，为历史上所罕见。赵州交通繁盛，促进经济发展，建桥工款，当不难筹集，除用地方公款外，尚有私人捐助。从桥下发掘出的一些断碣残碑中，见有六块"修桥主题名石"，其石质与桥上小拱的墩石相同，又有"布施匀栏"的三块题名石上，有"合家同增福寿"字样，均足证明为了"做功德"，定有不少捐款。

建桥材料，主要是青白色石灰岩，出产于获鹿、赞皇、元氏等县，离赵州都很近。其时为了"关东"漕运，引渭水开"广通渠"，曾将"砥柱"凿开，可见开采石料的工具及工艺，已很发达，赵州建桥的石料，不虞匮乏。栏板望柱的石工精美，亦缘此故。

最重要的是，隋代历时虽短，但却大兴土木，其中当然有桥梁。杨坚即位，开"广通渠"，筑"仁寿宫"，营"行宫"十二所。杨广继位，营东京宫室，"役丁二百万人"；开通南北大运河；筑"西苑"，周二百里；后来又发丁男百余万，筑"长城"。进行这些工程，需要修路造桥，来输送材料，其中可能有大桥，惜文献不详。《畿辅通志》载："满城县南五十里，修方顺河，有方顺桥，甃石为之。隋开皇、金明昌、明嘉靖先后兴修，桥长十五丈，阔三丈，计三孔。"[明嘉靖重修时，挖得石记云"晋永嘉三年（公元309年）重修"，可见晋代前就有此桥。〕说明赵州桥建造时，其他各地也有巨大桥梁。而且，那样大兴土木，必然有大量的土木工程技术队伍，其中就有造桥的技术队伍。造桥队伍，可能在赵州桥后，大为发展，但在赵州桥前，必然已有基础。当然，赵州桥的队伍是较胜于其他队伍的，因为其他队伍造的桥，现都不存，或不可考了。正是在这支优胜的桥工队伍中，出现了卓越的建桥大师李春。

以李春为首的一群造桥工人，是在以上那些经济条件、物质条件的支持下，才能在赵州洨河上建造起那样一座堂皇壮丽的赵州桥。这也说明，桥梁技术是文化的一种表现，而文化则是政治、经济的鲜明反映。

古桥不仅是一种古建筑，被当作文化遗产，供人研究或凭吊，如同宫殿、庙堂、长城、陵墓那样，而且古为今用，从古到今，一直蹲伏在那里，担负重任，继续为人民服务的。这里有一条件，就是要能"健康长寿"，尽管风吹雨打，人马践踏，甚至遭遇洪水、地震、战争破坏，都能经受得起，至多经过维修，恢复原状，而不致崩塌毁坏，不可收拾。赵州桥就是这样，经受了无数灾难，而仍巍然屹立。

首先是洪水。《水经注》云："洨水不出山，而假力于近山之泉。今考洨河，实受西山诸水，每大雨时行，伏水迅发，建瓴而下，势不可遏。"《赵州志》云："当时颇称巨川，今仅有涓涓细流，唯夏秋霖潦，挟众山泉来注，其势不可遏，然不久变为细流矣。"即至近代，1954年大水，河身全满，洪峰距桥洞顶点，仅1.77米，然水过后，又成细流。洪水时，两岸桥台，当然首当其冲，而河满时，则拱圈及其两肩，都受威胁，幸而两肩有洞，可以分泄洪流。洪水对桥梁之为害，是经常的，每年一次，故不可轻视。

其次是地震，据《真定府志》：公元776年，"定州地震，冬无雪"；公元777年，"恒州地震，宁晋地裂数丈，震三日乃止"；公元1037年，"定州地震"；公元1308年，"冀宁路地震"；公元1508年，"武强地震，白毛生"；公元1538年，"深州地震，自西北震起，一月间凡数十次倾圮庐"；公元1626年，"地大震，鸡犬皆鸣，振物有声"。较小地震，不及备载。虽未提到赵州，但同在真定府治，大震时此桥必然波及。

再其次是战事。根据《赵州志》，公元698年，"突厥将直攻定州，陷之，杀吏民数千人，又陷赵州"；公元756年，"史思明攻陷赵郡，夏四月，郭子仪、李光弼败之，进拔赵郡，九月史思明复陷赵郡"；公元910年，周德威攻朱温，"将兵出井陉，屯赵州"；公元986年，"契丹大举入寇，攻赵州，大掠而去"；公元999年，"契丹隆绪，入寇赵州，帝（赵恒）自将御之"；公元1105年，"宋徽宗（赵佶）升赵州为庆源军，此后金人入寇，赵地遂为战场"；公元1213年，"蒙古分兵攻金河北诸郡，悉拔之，赵地人民杀戮几尽"；公元1369年，"大将军徐达，副将军常遇春，率师下赵州"。可见赵地战役，几于史不绝书，这桥在南门城外五里，不可避免地会被波及，甚至因此而受了损伤。

赵州桥经历了千百年来的天灾人祸，而能幸存到今天，不能不归功于历代的维修，特别是1949年新中国成立后的彻底大修。根据记载，最早一次修缮在公元793年，因上年大水，北岸桥台西首，发现沉落现象，牵动上面拱圈开裂，因而"累土以负，补栏植柱，靡不永固，俾壮名不坠于远近"，但这时已距桥成200年，桥工坚固，于此可知。再过200多年，公元1066年因联系拱石的"腰铁"，腐蚀脱落，致拱石凌乱，拱圈外倾，《宋史·方技传》云："僧怀丙，真定人，巧思出天性……赵州洨河，凿石为桥……桥欹倒，计千夫不能正，怀丙不役一人，以术正之，使复故状。"未免神乎其说，大概是最外一道拱圈外倾，并未影响全桥，故易修复。再过约500年，公元1563年，有一记载，说明更换桥面石，只是一种养护工作。公元1597年，"火逸延焚，致桥石微隙，而腰铁因之剥削，且上为辐重穿敝"，因进行修理，"胜地飞梁，依然如故"。再过约50年，公元1643年，西面外五道拱圈坍塌，约100年后修复。东面外三道拱圈，又于这时崩塌，直到新中国成立后才大修，已历时200年了。总计1300多年来，不但修理次数少，而且修理内容，都不严重，若非造桥技术高超，何以臻此。

新中国成立后，1955年对赵州桥进行大规模修理，为千百年来最彻底的一次，不但完全恢复原状，而且将全桥大大加固：① 从河中挖出坠落的大小石块，除毁损者外，尽量放置原处，其中有原雕栏板，甚为珍贵。② 东侧外面拱圈三道，早已塌毁，邻近两圈，也有很大裂缝；西侧外面拱圈五道，曾经坍塌重砌。现除重砌东侧五道拱圈外，对所有风化了的石块，全部换新，其石料仍来自昔日获鹿、赞皇及元氏各石场。③ 对基础与桥台，进行了测探，发现基石五层，依然完好，下面无桩，桥台放在天然沙土地基上。桥台沉陷，虽历千年，并不严重，而且各端沉陷均匀，始终维持了平稳状态。④ 对28道拱圈的联系，进行加强，在拱背护拱石中间，添筑钢筋混凝土盖板。⑤ 在桥面石下面，加设了"防水层"（亚麻布和沥青），以便保护拱石不为漏水所风化。⑥ 对全部桥上栏板望柱，恢复原状，如无挖出旧的可补，则制新的配套。⑦ 在原桥旁，新建便桥一座，为日常运输之用，减少原桥的负担。

从上述修桥历史看来，赵州桥建成后的千百年间，我国石拱桥技术，是不断发展的，因为修理困难，往往超过新建，而新桥技术，多有赖于修桥的经验总结。凡是担任过赵州桥修理工作的人，必是其后各地的造桥能手，而李春大师，无疑也是有过修桥经验的，甚至就在洨河上，修理过隋代以前的赵州桥。

由于名声很大，赵州桥成为国内外游客参观的重点，每天常在100人以上。有人说："经过解放后的大修，这桥获得新生，当能再活1000年！"

赵州桥是否真能再"活"1000年，当然难说，但它的千年历史所形成的传统，在世界上恐怕是无匹的，因它的技术不但能用于近代石桥，而且现在已经用于钢筋混凝土桥。石桥的突出例子是云南省昆明附近的长虹大桥，它是座公路石拱桥，完全继承了赵州桥传统的敞肩拱，石砌的拱圈跨度，达到世界罕见的112.5米，拱圈两肩，各有五个小拱，跨度各为五米。这桥建成于1961年。钢筋混凝土桥的突出例子是南京长江大桥的22孔公路引桥，拱圈跨度32米，拱圈两肩，各有小拱三个。这些引桥也用了16道独立拱圈，但不像赵州桥各道贴合，而是互相隔开的，其中用若干小拱相连，小拱曲线与大拱曲线垂直，所以这种拱桥叫作"双曲拱桥",是赵州桥的大发展,已经迅速推广到全国各地的拱桥上。双曲拱桥是江苏省无锡的造桥工人的新创造,他们对桥梁的贡献,可与赵州桥的工人,后先争辉。

在我们伟大的党和毛主席领导下,我国社会主义桥梁事业,日益昌盛,我们将没有不能造的桥,没有该造而不造的桥;我们将有无数更宏伟的赵州桥,无数更杰出的李春!

洛阳桥与江东桥 [1]

　　洛阳桥与江东桥都是福建的古桥，一在泉州，一在漳州。这两地的古桥真是多，据《古今图书集成》所引这两州的《府志》，其有名称、地址及事迹可考的，泉州本府有桥64座，所辖各县有桥132座，漳州本府有桥58座，所辖各县有桥139座。不但泉漳两州如此，福建其他各地的桥也多，比如，建宁本府就有桥194座，其中有三座曾为13世纪的意大利人马可·波罗在他的游记中称道过。福建的桥，不但数目多，而且有不少宏伟的结构，凡是到过福建的人，都会感到"闽中桥梁甲天下"（《闽部疏》）之说，确非过誉。同时也会承认"泉州桥梁甲闽中"。如果在这里，泉州是"冠军"，那么，漳州应当是"亚军"。洛阳桥是泉州桥的代表

---

　　① 此文发表于《人民日报》1962 年 4 月 15 日。

桥梁史话

作，江东桥是漳州桥的代表作。

且看《泉州府志》是如何记载这些巨大桥梁的。万安桥（即洛阳桥），在洛阳江，宋蔡襄造，"长三百六十余丈，广一丈五尺左右"；安平桥（即五里桥），在安海港，宋

福建泉州洛阳桥（万安桥）

洛阳桥，一名万安桥，位于福建泉州东北20里，跨洛阳江，石梁桥，为我国古代三大名桥之一。建于宋皇祐五年至嘉祐四年（公元1053—1059年）。僧宗己及郡人王实、卢锡剑建于前，太守蔡襄踵成之。襄自为记，手书勒石。酾水47道，全长360余丈，桥基抛石块三万余立方米，更植蛎房胶固之，以御海潮冲击。相传蔡襄与海神约架桥时日故事，民间编演了花鼓戏《洛阳桥》，足见建桥之难而桥成之可喜。福建石梁桥群之兴起，与宋代海上贸易发展有直接关系。

绍兴间僧人祖派造，"长八百有十一丈，广一丈六尺"；石笋桥，在笋江，宋绍兴间僧文会造，"长八十余丈"；顺济桥，在笋江下游，宋嘉定间造，"长一百五十余丈"。以上是著名的泉州四大名桥。此外，还有：苏埭桥，宋绍兴间僧守徽建，"桥凡四，共长二千四百余丈"；玉澜桥，宋绍兴间僧仁惠修，"跨海千余丈"；普利大通桥，宋绍兴间造，"长二百丈"；北平桥，宋绍兴间造，"长百丈有奇"；龙津桥，宋庆元间造，"长六十八丈"；獭窟屿桥，在大海中，宋开禧间僧道洵建，"六百六十间，直渡海门，凡五里许"；金鸡桥，宋嘉定间僧守静建，"长一百丈有奇"；通济桥，宋时建，"长一百八十九丈"；宏济桥，宋时建，"长一千三百丈有奇"；下辇桥，元至正僧法助建，"凡六百二十间"。这些记载，有的显然失实，不能置信，也许是把水中堤道混作桥梁之故，但就现存的各桥来说，经过勘测，其原来面目，确属惊人。

我国各省《地方志》，留下许多珍贵史料，实是一笔丰富遗产。可惜的是，对于工程技术，语焉不详，一座桥只记它有多长多宽，有多少孔，至于何种结构，如何施工，一般就都不提了。幸亏福建各桥几乎全部都是石头造成的，坚固耐久，虽时隔千年而规模犹在，把今天眼前的桥和《府志》里的记载对照来看，还不难得其真相。这样一对照，就可发现关于泉漳两地的桥梁有许多值得深入研究的问题。

第一，泉州的古老大桥，除去洛阳桥外，几乎全都是南宋时期兴建的，特别是绍兴年间（公元1131—1162年）的更多，这是什么原因呢？泉州得名，由于当地有泉山，"上有石乳泉，清洁甘美"，这对滨海居民是非常可贵的，然而也可见那时人口之少。后来西汉时代的统治者为了镇压革命，还"迁其民于江淮间"，人就更少了。到了东晋，北来的人口大增，流经泉州的晋江，据说就是由于"晋南渡时衣冠士族避于此，沿江而居"而得名的。再后来，到了宋室南渡，北方人民更是大批地移居江南，从浙江到福建的人，沿着海边平原而定居在泉漳等地的，就更多了。泉州自南朝陈武帝永定二年（公元558年）起，就开始了海外交通，到了唐代更成为对外贸易的广州、泉州、扬州、交州的四大港之一。在南宋绍兴年间，经济更为繁荣，交通上的桥梁需要，当然日益迫切，而且又有物力、人力上的可能条件，于是在泉州出现了桥梁勃兴时代，这对当时全国的桥梁来讲，也是异常突出的。元代以后，泉州的经济便由稳定而趋于衰落，在明清两代，对于大桥就只有修理，而没有什么新建的，至多不过造些小桥。

第二，泉州的桥梁，由僧人修建的特别多，在泉州本府的64座桥梁中，由僧人修建的就有20座，而且所有的大桥，他们都有份，这又是什么原因呢？过去把修桥造路当作是做功德，和尚募缘修庙造桥，原不足奇，有时他们中也出现有工程师，如修理赵州桥的僧怀丙，但像泉州有这样多的僧人，负责建造这样多的桥，却是别处所无有的。在这些僧人中，有的技术特别高，在《府志》中都留下了他们的名字，如义波、宗善、祖派、道洵等都是杰出的工程师。元朝的僧人法助，一个人就主持造了七座桥。此外，间或也有个别道士参加工事。我很怀疑，《府志》中的所谓僧人是否都是佛教徒。在西安碑林中，有唐代的"大秦景教流行中国碑"，其文中所谓"僧"，实际都是天主教徒，而且他们也有汉名，看不出与佛教徒的区别。泉州从唐武德六年（公元623年）就有伊斯兰教徒来传教，至今那里还保存着我国最早的伊斯兰教清真寺的遗迹。在泉州的这许多造桥的僧人中，很可能有伊斯兰教徒。

第三，泉州大桥的长，确是长得惊人。这是由于地处海滨，有的桥不是过江而是在江口跨海的。比如安平桥，从晋江县安海镇，跨海而与南安县的水头镇相接，宋绍兴八年（公元1138年），僧人祖派等倡造石桥，绍兴二十一年续建，经一年时间而完成。这座桥俗名"五里桥"，不是距城五里，而是五里长之故。据实测，这桥的现存长度2072米，桥宽3~3.8米，桥墩314座，全用花岗岩造成。对这座桥，当地流传着"天下无桥长此桥"的话。确实，直到今天，除去郑州黄河铁路桥比它较长外还没有比它更长的桥，它确是为泉州赢得了福建桥梁"冠军"的一个"健将"。当然，桥长并不意味着它一定是艰巨的，然而泉州这些大桥都是用石头在波涛险恶的江海里造成的，工程浩大是可想而知的。那时没有机械，全凭人工操作，一块石头重达几吨、几十吨，甚至一两百吨，是如何从山上搬到桥上的呢？

上面关于泉州的这些问题，也适用于漳州。漳州得名，由于漳水，水以漳名，"取其清浊相杂，而有文章"。漳字从"泣"从"早"，以前写匾额，恐书法"犯忌"，"不得已为篆书"（《闽部疏》）。因此，在漳州，关于桥梁故事的神奇传说，也不亚于泉州。

现在简单介绍一下关于洛阳桥和江东桥的故事。

洛阳桥位于晋江、惠安两县交界的洛阳江入海处。洛阳江的得名由于唐宣宗未即位时（公元847年以前）避居泉州，"微行览山水胜概，有类吾洛阳之语"（《漳州府志》）。洛阳桥，宋时名万安渡石桥，宋蔡襄的《万安桥记》云"始造于皇祐五年（公元1053年）四月庚寅，以嘉祐四年（公元1059年）十二月辛未讫功，累址于渊，酾水为四十七道（桥孔），梁空以行，其长三千六百尺，广丈有五尺"。造桥时先于水中抛石，铺满桥址，形成水下"海堤"，然后在上面筑墩。同时，"种蛎于础以为固"（宋史《蔡襄传》），利用浅海里"蛎房"的繁殖，把石基胶固，使成整体。就因首创了这个筑墩方法，洛阳桥成为后来泉漳各桥的先行者和带动者。关于这桥的神话很多，最著名的是，蔡襄造此桥，"限以涛势，不能案址（建基），乃檄（xí）江神，得一醋字，公云，二十一日酉时为之"（《泉南杂志》）。蔡襄是状元，状元造桥，传为佳话。京剧中有《洛阳桥》灯彩戏，其主题是形容桥成后，"三百六十行过桥"时人民的欢乐情景。可惜这出戏早就停演了，能否编一出《新洛阳桥》，来描写我国从资本主义过渡到社会主义的桥梁，显示出新的三百六十行的全国人民的欢欣鼓舞呢？洛阳桥完成后，先后经过修理和重建十六次，但大修不过四次，一为飓风损坏，二为大水冲毁，三为地震和大水倾毁，四为连年地震、大水和飓风所毁，于公元1761年修复，即现存的石梁桥。明末时，郑成功曾据此桥，以抗清兵（《读史方舆纪要》）。1932年在桥上添建了钢筋混凝土的公路桥面，失去了本来面目。

江东桥在漳州东四十里柳营江上，根据《漳州府志》，其地"为郡之寅方，因名虎渡"，而桥亦名虎渡桥。原系板桥，"垒石为址，酾水十五道"，后来宋嘉熙二年（公元

1238年）改建，"以石为梁"，"四年而桥告成，长二百余丈"。这桥的最大特色是在最大的桥孔上，只用三根巨大石梁跨过，每根石梁"长八十尺，广博皆六尺有奇"（宋黄朴《虎渡桥记》），当地人称这石梁为"一根扁担厚"，估计最大的一根梁的重量约为二百吨，其开采琢制，固已不易，而如何运来江边，架到墩上，至今还是个不解之谜。这样巨大的石梁，可算是漳州在福建桥梁中赢得"亚军"的一个"健将"。参加江东桥工程的也有"佛者廷浚，与其徒净音、德崖

福建漳州江东桥

等"(《虎渡桥记》)。关于这座桥，也有神话，"江南桥梁，虎渡第一，昔欲为桥，有虎负子渡江，息于中流，探之有石如阜，循其脉沉石绝江，隐然若梁，乃因垒址为桥，故名虎渡"(《读史方舆纪要》)。江东桥曾经屡坏屡修，现存的是清康熙四十八年（公元1709年）重修的。1933年在老墩上筑新墩，新墩上架钢筋混凝土桁（héng）梁，支持公路桥面，使原来结构完全改观了。

泉州洛阳桥、漳州江东桥等等的"甲天下"的闽中桥梁，都是福建人民的光荣，中国人民的骄傲！

五桥颂 [①]

桥梁是代表文化的一种物质建设。我国文化悠久，全国各地都有大量的古桥，其中屹立到今天的，数不胜数。有的桥在历史上起过重大作用；有的桥在艺术上独具一格，显露出各民族的无穷智慧；有的桥在科学技术、创造发明上做出巨大贡献。它们随着时代前进所取得的日新又新的成就，是我国文化发展的一个重要标志。这样的民族遗产、人民财富，在历史、艺术、科学上的价值，是无法估计的。然而，在过去数千年的封建压迫、反动统治下，有珍贵文物价值的桥梁，是从未得到当时政府的重视和保护的。因而很多重要桥梁在自然侵蚀和人为破坏下，遭到了严重的甚至毁灭性的摧残，造成了无可补偿的损失。见过这样情景的人，无不感到痛心疾首，总希

---

① 此文发表于《文物》1963 年第 9 期。

望有一天，所有幸逃浩劫的这类桥梁，终会得到抢救。这个愿望，在新中国成立后不久，果然实现。我们党的伟大正确，社会主义制度的优越性，使我国古代桥梁也获得了新的生命。全国桥梁工作者为此感到鼓舞，感到兴奋！

在国务院公布的第一批全国重点文物保护单位的名单中，列有五座桥：四川省泸定县的泸定桥，北京市丰台区的卢沟桥，福建省晋江的安平桥和河北省赵县的安济桥、永通桥。它们都是具有重大的历史、艺术、科学价值的文物，都属于国家重点保护的范围。

从技术方面看，这五座桥代表着四种形式：泸定桥是"悬桥"，卢沟桥是"连续桥"，安平桥是"梁桥"，安济桥、永通桥是"拱桥"。这四种形式的桥，再加"伸臂桥"和"开合桥"两种，构成近代桥梁中的六种基本形式。在这六种形式中，我们国家这次公布保护的就占了2/3。从建筑材料看，这五座桥中只泸定桥是铁索桥，其余四座桥都是石桥。在古桥中，永久性桥梁只有铁、石两种，我们所保护的也就都有了。从建成年代看，这五座桥中，年代最近的是泸定桥，建成于公元1706年，距今250多年；最古的是安济桥，建成于公元605年左右，距今已1350多年了，成为我国现存的最古老的桥梁。可见这五座受到国家保护的桥梁都各有其代表性，而且它们的价值都不限于一方面。

泸定桥

泸定桥，在四川省甘孜藏族自治州泸定县，是1935年红军长征途中强夺铁索桥战役的纪念地。桥在大渡河上，是从西面的雪山往东面的二郎山的必经之路。当我红军强夺大渡河时，正逢初夏，河水暴涨，奔流湍急。两岸悬崖峭壁，高耸入云。我大军沿河前进，就在这下临深渊的河岸上行军，而且日夜不停。在将到桥头的前夕，大雨倾盆，天黑地滑，更是步履维艰，稍有不慎，就会堕入惊涛骇浪中。在到达桥头时，敌人早将桥上木板烧毁，只剩下几根摇晃的铁索，高悬在倾泻奔腾的洪流上。对岸桥头正在县城西门下，敌人在城上凭险据守，弹如雨下。我英勇红军，踏上铁索，奋勇前进。每人带着一块木板，边走边铺。有的木板为敌人弹中起火。有22位英雄，就踩着燃烧的木板，冒着弹雨，攻到对岸，于是全桥为我军占领，胜利完成了强渡大渡河的战役，在我人民革命的长征历史上，留下了"大渡桥横铁索寒""三军过后尽开颜"（毛主席《长征》诗）的光辉诗篇。

泸定桥是一座铁索悬桥，东西长31丈1尺（合103.7米），

四川泸定桥

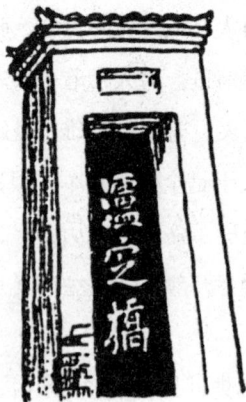

宽9尺（合3米）。桥身用铁链9根，系于两岸，悬挂空中，铁链外径9厘米，上铺木板，形成桥面，以通行人。桥两旁各有铁链两根，横贯东西，用做扶栏。两岸各有"桥台"一座，用条石砌成，形同长方碉堡，高20米。桥台内有"落井"，宽2米，长5米，深6米，内

桥梁史话

有生铁铸成的"铁桩"8根，直径20厘米，竖立井内，四面用灰浆块石胶固。铁桩后面有4米长的"锚桩"一根，直径亦20厘米，横卧贴紧，上绕过河的9根铁链。扶栏铁链则系于铁桩上。这样，全部13根铁链就都牢固地锚碇于两岸桥台了。然而，铁链桥身，不论上下左右，都不是固定的，摇曳空中，容易摆动，风雨交加的时候，更是晃荡得厉害，人行其上，随桥起伏，不能自主，俯视深渊，目眩心悸，故自古有"绳桥惊险"之叹。过桥如此，造桥的困难就可想而知了。

《四川通志》载："在雅州府打箭炉厅东南大渡河上，其地旧无桥梁，河水迅激，不可施舟楫，行人从三渡口援索悬渡，至为危险。康熙四十年……抚臣熊泰奏言，距化林营八十里地名安乐，水平可建桥，以通行旅，遂造铁锁桥。"又《古今图书集成》中《天全六番志》载："泸定桥，在泸水上，康熙四十五年所制铁索桥也。西炉复木鸦，附置戍守，税茶市而桥因以建。桥工费甚巨，以水势汹涌，其水达西炉，旧有皮船三渡……今皆废而集于桥。沈冷本天全部属，桥既成，檄天全工力修葺。"可见这座桥是在康熙四十年以后用"税茶市"的办法筹款建成的，桥成后，还强迫附近人民，负修理之责。在建桥以前，大渡河有三个渡口，先是用"皮船"过渡，后来就"援索悬渡"。所谓援索悬渡，就是用藤索或竹索过江，绳索外套一大筒，人过渡时就捆在筒上，沿索溜过江去。这种"溜索桥"是四川省的一种原始悬桥。

泸定桥的修建，在当时确非易事。《小方壶斋舆地丛钞》载："康熙中修建此桥，曾于东岸先系铁索，以小舟载铁链过重，未及对岸辄覆，久之不成。后一番僧教以巨绳先系两岸，每绳上用十数短竹筒贯之，再以铁索入筒，缚绳数十丈，于对岸牵拽其筒，筒达铁索亦至。"其实，这就是溜索桥的遗意。

溜索桥不知起于何时，但悬桥在我国确有古老历史。《云南通志》载："景东厅津桥，跨澜沧江，两岸峭壁插汉，江流飞急，以铁索和南北岸为桥，相传汉明帝时建。"还有人说，在秦始皇时代，就有索桥了。《史记》："燕太子丹质于秦，秦王遇之无礼，乃求归，秦王为机发之桥，故以陷丹，丹过之无虞。"据考证，这里所谓"机发"之桥，就是悬桥，桥的悬索可以放松，使人落水。由于山高水深，悬桥始于西北，当无疑义。《洛阳伽蓝记》载，比丘惠生于北魏孝明帝神龟二年（公元519年），奉使西域："从钵卢勤国向乌场国，铁锁为桥，悬虚为渡，下不见底，旁无挽捉，倏忽之间，投躯万仞，是以行者望风谢路耳。"这座桥比泸定桥早约1200年，但已经用"铁锁"了，可见我国古代少数民族的智慧。

泸定桥建成后，有咏桥诗云："蜀疆多尚竹索桥，松维茂保跨江饶，几年频涉竟忘险，微躯一任轻风飘。斯桥熔铁作坚链，一十三条牵二岸……洪涛奔浪走其下，迢迢波际飞长虹。"在当时也还是盛事。

离这座泸定桥不远的地方，于1951年造了一座新的钢索悬桥，为康藏公路之用。桥上有朱德委员长题的对联："万里长征，犹忆泸关险；三军运戍，严防帝国侵。"从此，旧的泸定就过渡到新的泸定了！

卢沟桥

卢沟桥在北京城西南十余公里永定河上。1937年7月7日，日本侵略军队在这里向中国驻军进攻。在全国人民抗日热潮的影响下，中国驻军进行了抵抗，中国人民英勇的全面抗战就是从此开始的。

卢沟桥是一座永定河上的"连续桥"。桥长共265米，除两端桥堍53米外，桥身212米，分11孔，每孔净空约16米。桥宽约8米，桥高10余米。桥面用石板铺砌，两旁有扶手石栏，各用石柱140个，高1.4米，内嵌石板为栏。桥下为石墩，靠上游一面，筑成尖嘴形，以便分水破冰。

北京卢沟桥

永定河，发源于山西，所经山谷，向少森林，且土性疏松，易被冲刷，因为河水挟沙特多，一至下游，地势平缓，又放沙淤积，垫高河身，遇有大水，即会横决泛滥，善淤善决，有如黄河，故古代有无定河之称。为了保障北京，清代康熙、乾隆两朝，曾

在沿河两岸，筑有石堤束水，以防洪水威胁；在筑堤前，有人恐因此而水势更猛，河底刷深，影响卢沟桥的基础，但事后并未发生问题，足见桥工坚固，经受考验。

卢沟桥的每个桥孔，均呈圆拱形，拱上为桥面，桥上载重，通过圆拱而传递至拱脚的桥墩。每个桥墩，左右各有一拱，这一拱的脚就是下一拱的起点，因而全桥十一拱，联成一线，每一拱上的载重，就通过桥墩，而由全桥各拱所共同负担。这就把这十一个拱，联成一个整体，充分发挥了彼此互助的作用。就因这个缘故，上述的筑堤束水，才未发生事故。这就是"连续桥"形式的一个优点。由于多拱组成，卢沟桥的形式就叫作"连拱桥"。

永定河上的桥，为何叫作卢沟桥呢，原来这条河在唐代叫卢沟，据《畿辅通志》载："卢师为隋末神僧，能驯二龙，台其遗迹。唐书作卢思台，系在宛平县境内。卢沟系由河经卢思台而名，非仅取义于水黑曰卢也。其曰沟者，因由此入山，不通舟楫，如沟渠之类。"但永定河名卢沟的时间很短，为何桥名卢沟，沿袭至今呢？很可能最早的卢沟桥，就是唐代修建的。

《旧唐书·韦挺传》："（贞观）十九年将有事于辽东，择人运粮……挺至幽州……漕渠壅塞，遂下米台（卢思台）

侧。"《新唐书》云："自桑干水抵卢思台，行八百里，渠塞不可通，挺欲通漕至卢沟桥，达于宣大，以出蓟辽，而卢沟以上，山溪逼仄，不可通舟，故止下米于卢思台侧也。"可见唐代卢沟上已有桥，这桥才叫卢沟。不过这桥是何情况，是木桥或浮桥，是否即在今址，都不可知。许亢宗《奉使行程录》云："卢沟河水极湍激，每候水浅深，置小桥以渡，岁以为常，近年于此河两岸，造浮梁，建龙祠，仿佛如黎阳三山制度。"可见河上有浮桥是由来已久了。至于石桥，根据记载，那是到金代才建成的。

《金史·世宗本纪》："大定二十八年（公元1188年）五月诏，卢沟河（元明时，卢沟常作芦沟）使旅往来之津要，令建石桥，未行而世宗崩，章宗大定二十九年六月，复以涉者病河流湍急，诏命造舟，既而更命建石桥，明昌三年三月（公元1192年）成，敕命名曰广利，有司谓，车驾之所经行，使客商旅之要路，请官建东西廊，令人居之……亦便于观望也。"这时所建石桥是何形状，未见记载。唯据意大利人马可·波罗所作游记，他曾于公元1292年，即在桥建成后一百年，亲眼见到此桥，大为赞赏。他说："在这条河上，有一座很好看的石桥，在世界上也许是无可比拟的。它有三百'步'长，八'步'宽，因而十个人不难并骑过桥。它有二十四个拱，支

　　　　　　　　　　　　桥梁史话

持在水中的二十五座桥墩上，墩是'蛇纹石'做的，砌工极好。"这就和现在所见的桥，大不相同了，因为现在的桥只有十一拱，而非二十四拱。不过，究竟马氏所见到的是否二十四孔，也有疑义，尽管他又特别指出，拱下有二十五座桥墩。北京的中国历史博物馆，藏有一幅《运筏图》，绘出卢沟桥两岸情景。北岸没有宛平县城，还只是空旷的广场。两岸来往行人可分为两类，一类是骑马乘轿的官人和指挥行人的小吏，一类是背包挑担、推车运货的劳动者。官吏是阔面多须，头戴阔边盔状的帽子，身穿圆翻领或敞尖领的衣服。还有坐在人群中，监视居民的小头目。所有这些，根据专家鉴定，都说明这幅画是元人作品，与马氏游记同时。但这画中的卢沟桥就只有十一个拱，而非二十四个拱。

卢沟桥建成后，经过元、明、清三代修理就逐渐形成今天的式样。其中小修居多，大修只有一次。《读史方舆纪要》载："元至正十四年（公元1354年）命造过街塔于桥上。"《明史》载："卢沟桥正统九年（公元1444年）重建石栏，刻为狮形。"《畿辅通志》载："卢沟桥……金明昌年间建，元、明两代屡有修筑，清康熙元年（公元1662年）发帑修筑，七年水溢，桥圮，东北十二丈重修，御制碑文，建亭于桥北。"《顺天府志》载："卢沟桥……金明昌初建。明正统间重修，皇清至康熙八年重修，长里许，插柏为基，雕石为栏。"由于上年水溢桥圮，康熙八年的重修应当是较为彻底的，可能修成现在的形式？《畿辅通志》载："雍正十年（公元1732年）重修桥面；乾隆十七年（公元1752年）重修桥面、狮柱、石栏、桥厢。五十年（公元1785年）重修桥面、东西陲，加长石道。桥东西长六十六丈，南北宽二丈四尺，两旁金边栏杆，宽二尺七寸。东桥坡长十八丈，西桥坡长三十二丈。东桥翅南长六丈，北长六丈五尺；西桥翅南北均长六丈，出土一尺四。"又云："桥长六十六丈，虹十有一孔。寻常水宽约四五孔，夏秋水涨达七八孔，唯遇雨潦极盛之时，则十一孔均有水，若冬春水小，才只两孔过溜而已。"上文中的"东西坡"即桥墁，"南北翅"即桥头路面放宽处，"出土"即桥头路面距原来地面的高度。马氏游记中，对这"坡""翅"的细节，也有描写，好像观察得很细致，但对桥拱数目这样的重要资料，反而不符，未知何故。然而从他的游记中也可看出，清代修理，只不过是恢复原样而已。

卢沟桥上的附属建筑，如金代所建"东西廊"和元代所修"过街塔"，今俱不见，清代所造"碑亭"则依然存在。最负盛名的石栏狮柱却自桥成至今，一直脍炙人口，名闻中外。《马可·波罗游记》中说："桥顶有一高大柱子，立在

桥梁史话

石龟上，柱底附近有一大石狮，狮上面另有一狮。由此向桥塽，每隔一‘步’半，即有一根好看的柱子，上面都有狮子，在全桥的各柱之间，都有精工雕刻的栏板，共同构成美丽的奇观。"可见建桥时就已注意美化桥上的装饰，表现出当时的艺术风尚。其后明代修理，"重建石栏，刻为狮形"，清代修理的"雕石为栏"，重修"狮柱石栏"，等等，大概都是加以补充，雕工精益求精。表现得最突出的是栏柱头的狮子，不但雕出的数量大，而且雕琢的艺术极高，画狮子形态淋漓尽致。各个柱头狮子，无一相同，有多有少，有动有静。有的大小嬉戏，神态活现；有的交头接耳，恍同对话。更有昂首耸耳，好像在倾听水声人语，造型之妙，叹为观止矣！而且，"卢沟桥的狮子数不清"成为北京谚语，由来已久。明代《帝京景物略》说："石栏列柱头，狮母乳，顾抱负赘，态色相得，数之辄不尽。"清代《顺天府志》说："栏上百狮，子母抱负，不可数计。"这个谜，到了1962年才被打破，经过北京市文物工作队的调查，卢沟桥的狮子，大小总共485个。

卢沟桥地处入都孔道，行旅当然稠密。上述《运筏图》中，在桥两头，绘有许多酒亭客舍，檐前帘幌高悬，都足见那时的繁荣景象。元代蒲道源诗"卢沟石桥天下雄，正当京师往来冲"（见《辛斋诗话》）；陈高《卢沟桥晓月图》诗"卢沟桥西车马多，山头白日照清波"（见《陈子上存稿》）；杨奂诗"……自有五陵年少在，平明骑马过卢沟"（见《还山遗稿》）。到了明代，更是兴旺。《戴司成集》载："桥上两旁皆石栏，雕刻石狮，形状奇巧，金明昌间所造，两崖多旅舍，以其密迩京师，驿通四海，行人使客，往来络绎，疏星晓月，曙景苍然，亦一奇也。"吴国伦《卢沟桥》诗"喧喧行路人，目昃去未已"（见《甔甀诗稿》）。张埜过卢沟的《满江红》词"桥下水，东流急，桥上客，纷如织"（见《古山乐府》）。在清代，卢沟桥更成为"九陲咽喉"（见《顺天府志》），并在此设关抽税，致民间有"卢沟桥，卢沟桥，雁过也拔毛"的谚语。桥南五里的长辛镇，为了便利过桥的客商，开了许多客店、马店、大车店等的店，跟着繁盛起来，因而就改名为长辛店。

同时，经过文人渲染，卢沟桥又成为风景胜地。据《明昌遗事》，金代起即有"卢沟晓月"之说。元代袁桷有《题卢沟烟雨图》，诗云"驱马上河梁，园晕新雨纹"（见《清客居士集》），赵宽有《题卢沟晓月图》，诗云"长桥卧波鳌背耸，上有车马萧萧行"（见《半江集》），《黄图杂志》云"元时卢沟桥畔有符氏雅集亭"，桥旁有亭，亭称雅集，可见那时文酒宴会之胜。到了明清两代，卢沟晓月，更是

桥梁史话

脍炙人口，题咏日多，如明王英诗"曙色微涵波影动，残光犹带浪花流"，顾起元诗"最是征人望乡处，卢沟桥上月如霜"（见《嫩真草堂集》）。鲜于必仁《折桂令曲》："出都门，山甚空濛，林影玲珑，桥俯危波，车通远塞，栏倚长空。起宿霭千寻卧龙，掣流云万丈垂虹，烙杳疏潼，似蚁行人，如步蟾宫。"

卢沟桥又名古战场。《读史方舆纪要》载："金兵南迁，留太子守中都，辽军杀其主将以叛，福兴闻变，遣军阻于卢沟桥，使勿得渡。"又《元史》："天历初，上都兵入紫荆关，游兵逼都城南，大都兵与战于卢沟桥，败之。"又《明史》："建文中，李景隆谋攻北平，燕将请守卢沟桥以御之。"又《革除备遗录》："李景隆征兵诸路，合五十万，引兵渡卢沟桥，遂围北平。"又《破梦闲谈》："于是当桥之北规里许为斗城，局制虽小，而崇墉百雉，俨若雄关……创于崇祯丁丑，特设参将控制之。"此"斗城"即宛平县城，1937年"七七"抗战时，我守军由此上桥，抗击了日本帝国主义的侵略。

安平桥

　　安平桥在福建泉州晋江安海镇的西南，跨越海湾，通往南安县的水头镇，为南宋绍兴二十二年（公元1152年）建成的石梁桥，又名五里桥。并非离开什么城市有五里路，而是它本身就有五里长，这在世界古桥中，恐怕是唯一的。泉州民间多年来传说"天下无桥长此桥"却也当之无愧。在我国现代桥梁中，除去郑州黄河铁路桥外，也还没有比它更长的。

　　安平桥所以要这样长，是因为要跨过一个海湾，从东面安海镇的海岸跨到西面水头镇的海岸。海湾通向台湾海峡，里面的船只虽不能远涉重洋，但在安海与水头之间，却是古代的唯一交通工具。泉州自南北朝起，就有了海外交通，到了唐代，更成为全国对外贸易的四大港之一。安海镇古时名安海渡，原是个水陆码头。由于泉州繁盛，它就跟着兴旺起来。南宋赵令衿《石井镇安平桥记》（据《清源旧志》"安平桥在修仁里、石井镇、安海渡"）云："濒海之境，海道以十数，其最大者曰石井，次曰万安，皆距闽数十里，而远近南北官道所以出也……唯石井地居其中，而溪尤大，方舟而济者日千万计。"可见安海渡需要安平桥，同万安渡需要洛

泉州安平桥

　　安平桥，又名西桥、五里桥，位于福建省泉州安海镇，石梁桥。宋绍兴八年（公元1138年）僧祖派、智渊与里人黄护等创建，越十四载未竟，郡令赵令衿卒成之。桥长约2500米，合五华里，共362孔，桥墩用巨石纵横交错砌成。现存清代建筑之水心亭及历代修桥碑记13座，亭外有石雕武士像二尊。亭上有联曰："此间有佛宗斯佛，天下无桥长此桥。"现海滩淤积，已成陆桥。1982年重修。

阳桥，同样迫切。由于都是跨海，这两桥的修建，也同样艰难。安海到水头的海面，已经够宽了，同时，还纳入从西面来的注入海湾的河水。秋季又有台风。当山洪暴发而又加海潮袭击时，海湾里波涛汹涌，过渡都很危险，何况造桥。上述赵文云："飓风潮波，无时不至，船交水中，进退不可，失势下颠，漂垫相保，从古已然，大为民患。"清代陈万策《重修安平桥记》云："安平地压巨海，广衍数十里，南北往来市舶之区，泉之一大都会也。其西襟九溪之流，波涛漭折，以浚于海。"因此，安平桥建成后，万民争涌。赵文云："老壮会观，眩骇呼舞，车者徒者，载者负者，往者来者，祈祈舒舒，无所濡壅。"

《清源旧志》云："安平桥……界晋江南安溪，相望六七里，往来先以舟渡，绍兴八年（公元1138年）僧祖派始为石桥，里人黄护与僧智渊各施钱万缗为之倡。派与护士，越十四载未竟。二十一年（公元1151年）太守赵公令衿卒成之。其长一千三百四步，广三步有奇，疏为水道三百六十有二，自为记，榜曰安平桥。"赵令衿《石井镇安平桥记》云："……爰有僧祖派始作新桥，今派死不克竟……黄逸为倡，率僧惠胜……径始之曰，人咸劝趋，即石于山，依材于麓，费缗钱二万有奇，而公私无忧，自绍兴之辛未（公元1151年）十一月，越明年壬申十一月而毕，榜曰安平桥。其长八百十有一丈，其广一丈有六尺，疏为水道者三百六十有二，以栏楯为周防，绳直砥平，左右若一，阮然玉路，崛然金堤，雄丽坚密，工侔鬼神。"据福建省文物管理委员会1957年12月调查，"桥现存长度2072米，面宽3~3.8米，设桥墩314座，全用花岗岩筑成。桥面直铺着4~7条石板，板的长短不一，长0.8~11米，宽0.5~0.8米，厚0.34~0.78米。桥板两端的接头处又有横铺的石条。桥墩有三种不同形式"。桥墩皆用条石横直交错叠砌而成，一为长方形墩，为数最多；二为船形墩，两端成尖状，便于排水，设在水流较急而较宽的主要港道；三为半船形墩，一端为尖状，另一端为方形，也设于较深的港道部分。（以上见《文物参考资料》1958年第12期）

从结构形式来说，安平桥几乎是完全模仿万安渡的洛阳桥的，两桥都在泉州濒海地区，都是所谓"简支式"的石梁桥，不过洛阳桥只长540米，但却早在100年前就完工了。很可能，安平桥的建筑方法，也借鉴于洛阳桥，没有什么特殊创造。然而安平桥的长度为洛阳桥的四倍，工作量大得多，但在赵令衿时，却只用了一年时间就完成了。虽然在祖派、黄护、智渊等的提倡下，也许做过一些工程，而这一年的桥工成就，确实是惊人的，难怪赵令衿自夸"实古今之殊胜，东南所未有也"。《清源旧志》说，安平桥成后，"明年复有镇人请于公（赵令衿）曰，镇东南隅，复名东洋，其港深阔，愿复得桥，公许之，不半载而成，长八百六十五步，分二百四十二间。较安海桥（即安平桥）为三之二"。规模为安平桥三分之二的东洋桥，居然在半年内就建成了，可见赵令衿的造桥队伍中，确实有卓越的工程师。自从东洋桥建成后，安平桥就又名西桥，但东洋桥不久就毁坏无存了。有个《重修安海桥募缘疏》说："自东桥荡析，恻孤影以存羊，叹反复之无常，觉成亏之有数。"

因为桥太长，建桥时就在桥上造了五座亭子，以便行人休息。上述赵文云："又因其余材，为东西中五亭以休。"《安平志》云："桥之东西中半，凡为亭五，后废其二，唯东西中三亭存耳。东为超然亭，以祀观音，后火焚，今已筑城废，中为泗州亭，祀佛于其中，西在南安三十九都鸡幕山下，水陆坊。"根据近年调查，"桥亭现存五座，分设在桥的东、西等处，全系清代改建。东端桥亭叫水心亭（亦名桥头亭），中部桥亭也叫水心亭，因位于桥的中部，又称为中亭。中亭规模较大，面宽10米，周围保存有重修碑记13座……亭的两侧还立着两尊石刻武士像，高1.4米，手执长剑……西端桥亭叫海潮庵……在中亭以东450米和以西280米处，分设路亭一座，建筑简单"。（见《文物参考资料》1958年第12期）《安海志·水心亭》节云："水心亭即西桥中亭。附在桥中，丙申迁界毁，康熙丙子（公元1696年）复界后重建，居西桥之中，为晋（江）南（安）交界，故号曰中亭。"此外，在桥东端安海境，有八角七层砖塔一座，因塔身涂白，俗称白塔，传说是宋代建筑，今尚完整，在中亭以西300米处，还有两个方形实心小塔。对立于桥两侧的海滩上，其风格与宋代石塔相近。

桥上原有扶栏望柱，故赵令衿文中有"以栏楯为周防"语，并附以诗云"玉梁千尺天投虹，直槛横栏翔虚空"。但现时一无存者，足见历代遭受破坏的严重。除去山洪与潮水的冲击和台风的侵袭外，还受地震影响。在晋江和惠安两县交界的洛阳桥，就因地震成灾而被损过三次。安平桥也很难幸免。《泉州府志》云："嘉靖三十七年（公元1558年）倭又四千余至惠安……倭分两支……一由清源山前寇南安，陷之。"其后两年，又一再犯南安，安平桥为南北孔道，也可能遭到倭寇的破坏。《重修安海桥募缘疏》中有"寇贼怯而不敢过，险同天堑"之语，可见桥是做过战场的，经过这样多的天灾人祸而能保存至今，安平桥的修理，当然是很频繁的了。

在中亭周围保存的13座重修碑记中，最早的是明天顺三年（公元1459年），最晚的是清光绪十二年（公元1886年）。但根据记载，明初永乐二年（公元1404年）即有修缮（见《安平志》）。在这许多修理中，比较重要的有：① 明天顺初年的，据陈弘《重修安平桥记》云："……逮倾圮而当南涯溪潮之处，毁断尤甚，乡人以木板代跨以渡……过者病焉，人咸乐输，遂先新水心亭，次及桥道，自北涯起，倾者砌，断者续，因复建亭于上，是岁十月兴工，越三年己卯（公元1459年）八月而讫。"② 明万历年间，据颜嘉梧《水心亭碑记》云："……陈弘鸠众重修……绵绵至今一百二十六年有奇，而日毁月损者……时有乡先生……筑城以捍其西，修桥以壮其趾，俱以未遑而先即世……躬执募缘之役，先新水心亭，次及桥道，自是岁（公元1600年）十一月兴工，越明年……庶几就绪。"③ 明崇祯十年（公元1637年）秋，郑芝龙再倡修中亭，翌年正月竣事，芝龙撰立碑记，竖在中亭对面桥边。其后，清顺治十八年（公元1661年），统治者为了消灭郑成功抗清的群众力量，迫令安海居民迁徙内地，把所有桥上建筑物全部焚毁，中亭也在其内。④ 清康熙二十三年（公元1684年）安海人逐渐在废墟上重建家园，施琅复兴中亭。⑤ 清康熙四十六年（公元1707年）兰理筑西埭，以海土填水心亭两旁，阔十丈，长一里许，筑屋百余间为市，重拆桥头十余坎，以断西塔路，别于桥旁筑土岸，接三陡门，以通新街市（见《安平志》）。⑥ 清雍正四年（公元1726年）时，因过去部分桥坎被水冲坏，暂以木桥代替，改木为石，翌年完成。张元忝《重修安平西桥记》云："安平镇之里民，以西桥倾圮，万民病涉，舆徒阗咽，望洋之众，断心如也……先民鼓舞，意劝趋事，赴功不待箠敧之督，而圮者齐，断者续，不日而已落成，计所捐与所乐输，已及千缗。"⑦ 清嘉庆十二年（公元1807年）重修桥道，历时一年多，翌年竣工，有徐汝澜撰《重修安平桥记》。⑧ 清同治五年（公元1866年）修建中亭，门口石柱上，刻有对联一副"世间有佛宗斯佛，天下无桥长此桥"。⑨ 民国十七年（公元1928年）有旅菲律宾闽籍华侨，投资修葺桥道。

从以上修桥记录，得知几件值得注意的事。① 不论石刻或文献，都未提到明代永乐以前修桥的事，而自桥成到永乐，已经250多年了。也许有过小修理，但桥身坚固，应无疑义。② 几乎每次修桥经费，都以募化乐输而来，说明民间对这桥的重视。同时也可见历来政府都不把修桥当作本身责任。并且，安平桥之所以能创建，就是由于群众力量。上述赵令衿的桥记中就曾说"斯桥之作，因众志之和，资乐输之费，一奉工集，贴利千载，是岂偶然也哉"。③ 靠募捐来修桥，当然也不简单，其中必有很多热心人士，出了力量；但也少不了一些"急公好义"的士绅，希图在修桥碑文里留下名字。值得提出的，是这里面的和尚的贡献。根据赵令衿文及《清源旧志》，在建桥时就有僧祖派、僧惠胜、僧智渊等，而且僧祖派还是个工程师，因为赵文里说他"始作新桥"。在历代修桥工作中，和尚关系一定很多，不过上述修桥碑文中未曾提名而已。但是，桥上各亭内，多有佛像，可见佛教对这桥的影响是很大的。④ 桥上建筑，如五亭的损坏，好像比桥身还多。清顺治时全被焚毁，不必说了。就是一般破坏，也比较严重。在很多修桥文中，都说到"先新水心亭，次及桥道"。这也证明，桥身比亭子坚固。⑤ 从郑芝龙修桥及安海居民被迫迁徙，看出这座桥在郑成功抗清战役中的作用。⑥ 清康熙间桥上修了百余间房子做市场，可见那时桥上交通的繁盛。

根据1961年调查，安平桥的现状如下。由于自然变迁，桥下海滩，渐被泥沙淤塞，除中亭港、西姑港，及水头港三港外，其余几乎全部淤成陆地。东首白塔以西的长约200米的桥身，自清初填塞造屋后，到现在已成为小街道。中亭以东的海滩，也变为农田。桥的原来长度及桥墩数量，因之大为减少。据实测，现桥全长为2070米，桥墩存331座，内方形墩259座，船形墩27座，半船形墩45座。

王世懋《闽部疏》云"闽中桥梁甲天下"。所以能"甲"，就因先有洛阳桥，后有安平桥。

安济桥及永通桥

　　安济桥和永通桥都在河北省赵县，都属于同一类型的石拱桥。安济桥即是中外闻名的赵州桥，在赵县南门外五里的洨河上，建成于隋代开皇末年至大业初年间。永通桥在赵县西门外清水河上，建成于安济桥后，但不晚于宋代。两桥的结构形式几乎完全一样，不过一大一小，因此安济桥又叫大石桥，永通

河北安济桥（赵州桥）

桥又叫小石桥，小桥简直是大桥的雏形。

赵县泜河发源于山西，流经宁晋县，入滏阳河。平时水小，甚至常年无水，河身可作耕地，但发水时则成巨川。张孝时《泜河考》云："泜河发源于封龙山北之南寨村，两壁峰峦峻削，瀑布悬崖，水皆从石罅中流出。"《水经注》云："泜水不出山，而假力于近山之泉。今考泜河，实受西山诸水，每大雨时行，伏水迅发，建瓴而下，势不可遏。"《赵州志》："当时颇称巨川，今仅有涓涓细流。唯夏秋霖潦，挟众山泉来注，其势不可遏，然不久变为细流矣。"《读方舆纪要》："宋咸平五年，河北漕臣景望开镇州常山南河入泜水至赵州，以利漕，即此。"可见泜河是山泉及河水汇合而成，冬春干涸，夏秋泛滥。最近1954年大水，河身全满，洪峰距桥洞顶点仅1.77米，然水过后，又成细流。永通桥下的清水河，夏季也很汹涌，明代王之翰《重修永通桥记》中有云："大雨霖霪，百潦会流，层浪浴天，惊涛拍岸，澎湃灏溔，横恣涯渚之间。"

赵州地处要冲，自古为南北官道所经，交通繁盛。历代歌颂赵州桥的诗文中，都提到这点。唐代张彧《安济桥铭》："万里书传，三边檄奏，邮亭控引，事物殷富，夕发蓟壥，朝趋禁溜。"宋代杜德源《安济桥诗》："坦平简直千人过，驿使驰驱万国通。"元代杨鱼《安济桥诗》："五丁凿石极坚顽，陌上行人得往还。"明代鲍捷《安济桥诗》："洨河之水清且弥。来往征人急于蚁……任渠车马纷于织，往过来续无病涉。"明代张居敬《重修大石桥记》："赵为畿辅要区……四通之域也，往来肩摩毂击，而洨水汇四泉之流……假令津梁不通，则邮传檄奏之驰驱，货殖车与之辐辏，将不胜争渡之喧。"永通桥上的繁盛，也大体近似。宋代杜德源《永通桥诗》："金道马尘奔驿传，玉栏狮影炽清晖。"明代王之翰《重修永通桥记》："地居九省之冲途，扼西京之要历……桥修而行人之往来，不厉不揭，而咸攸济也。"可见，由于洨河和清水河的阻隔，大小石桥的修建，在当时确有需要。而且，两桥的设计必须适应桥下水流的特性和桥上交通的条件。

安济桥只用一孔石拱，跨过洨河，跨度37.02米，连南北桥塝，共长50.82米。我国石拱，一般都是半圆形，如卢沟桥，但这个桥的拱形却不是半个圆，而只是圆弧的一段，因而拱顶在拱脚水平线上的高度，不是圆的半径，而是大大小于半径，这个高度叫作"弧矢"。如按这桥拱形的圆弧说，圆的半径应当是27.7米，但因只用了一个弧，拱的弧矢就只有7.23米，和拱的跨度相比，约为1/5。这样的拱，叫作"平拱"，以别于像卢沟桥的"穹隆拱"。拱圈的厚度为1.03米，全拱一律。每道拱圈，用约43块石块组成，每块约厚30厘米，重约一吨。因为桥厚约九米，故拱圈有28道，每道自成一独立拱。板面亦石块铺成，分为三股，中间走车，两旁行人。在桥面和拱圈之间，拱顶两旁都有三角地带，这地带叫"拱肩"。一般拱桥的拱肩都是实心的，即用石块填得满满的。但安济桥不同，在拱肩里还开了小的拱洞，拱顶每边有两个，全桥有四个小拱，伏在下面大拱的肩上。这就把拱肩敞开了，所以这种拱叫作"敞肩拱"，安济桥是世界上最早的敞肩拱桥。两肩上的小拱是对称的。大的跨度约3.81米，小的2.85米；拱圈都是圆弧形，也用石块砌成，在全桥宽度内，也是28道。

永通桥的结构形式，完全模仿安济桥，也是用一孔石拱，跨过清水河，跨度约26米，弧矢约5.2米。桥宽约6.3米，无人行便道，由21道石拱组成。大拱上也伏有四个小拱，每个小拱也是21道拱圈，但是小拱对大拱的比例，不完全同于安济桥，小石桥的小拱比大拱，比起大石桥的小拱比大拱，要显得大一点，这正是设计的巧妙。

为何大小石桥都采取这种"单跨敞肩拱"的形式呢？首先，洨河发水时，"建瓴而下，势不可遏"，因而桥建成后要尽量减少对水流的阻遏，不但河中不应有桥墩挡水，而且拱桥两肩的三角地带，也不该形成挡水墙。单跨过河，就没有水中

　　　　　　　　　　　　桥梁史话

桥墩；两肩空敞，就减少阻水面积，比起"实肩拱"，可增加过水面积16.5%。其次，单跨过河，则全桥重量和桥上车马载荷，都集中到两个拱脚，引起对桥台基础的很大压力，但如拱肩里有四个拱洞，则可减少大拱圈上的重量500多吨，相当于桥身自重的1/5。洨河河床是冲积性的沙土，并非岩石，桥台建筑在这样天然地基上，对减轻拱脚压力，是有很大意义的。再次，安济桥全部石料都是青白色石灰岩，从外地获鹿、赞皇、元氏各县石场采运，工料费当然可观，桥身开挖四个拱洞，就可节约石料200多立方米，这从经济上说，是个附带的收获。

为何大小石桥都采用平坦式的拱桥，而不用穹隆式的拱桥呢？首先，桥上的车马一定很多，而车马上桥，路面就不宜太陡。如用穹隆拱，路面就要做成阶台式，那么车子就无法上桥了，而北方运输却主要靠大车。现因用了平拱，桥上路面"坡度"就比较和缓，只合7%，即平行100尺，上升7尺。近代公路的坡度，最大为4%，安济桥的坡度就算适当了。其次，穹隆式拱桥的优点是便于桥下走船，这在我国南方是相宜的，那里的水道多，主要运输靠船舶，而且船桅较高，陆上也是肩挑多而车辆少。大小石桥下的河流，虽也走船，但船不高，没有穹隆拱的需要。再次，如果为了水流畅通，只用单跨拱而不用多孔桥，那么，平拱就比穹隆拱省工省料，更为经济。最后，只有用了平拱，才能把拱肩敞开，在大拱上加上四个小拱，而这在穹隆拱是不可能的。

为何大小石桥的拱圈都用二十几道独立拱，并排组成桥的宽度，而不用一道很宽的拱呢？首先是每道拱圈都能独立站稳，不受他道影响，一道损坏，不影响全桥安全。其次是施工时可以一道一道地砌，使桥逐渐加宽，假如砌成几道后，忽然发水，就可暂停工作，候水退再做。但如做一道全桥的宽拱，半途停工是很危险的。再次是搭拱桥要用拱形木架做支座，拱圈狭了，拱架就省了，一道拱圈砌完，同一拱架可用来砌下一道，这样重复用很多次，比用一次桥宽的拱架，节约何可胜计。最后是修桥方便，哪一道拱圈坏了，就修哪一道，不像全桥宽的拱圈，"牵一发而动全身"。但是，这样很多道独立拱圈拼成全桥一个拱，也有它的缺点，那就是各个拱圈如果不协调动作，就会失去整体作用。这个缺点正是独立拱的优点所引起的。必须克服缺点，才能发挥优点。因此，大小石桥就采用了许多方法，来把这二十几道独立拱，联系成为一个整体的全桥拱。结果虽非十分满意，却已经过千年考验。

所有这些，都是大小石桥在桥梁结构上的特点。有了这些特点，桥梁作为交通工具的作用，就能充分发挥了。而且它还不妨碍桥下河流的畅通，并能抵御桥上各种自然界力量的侵蚀，以便长期服务。像这样的技术成就，而且远在隋代就已如此圆满地完成，这在我国桥梁史上是空前的。不但在我国，就是在世界上也是空前的，因为在欧洲，真正敞肩式的拱桥是到19世纪才通行的。至于石砌拱桥，在欧洲西班牙有一座建成于罗马帝国，是多孔穹隆式的连拱桥，据说距今已有1800年之久，然而中经战事，有600年因毁损未用，其服务年限仍远逊安济桥。技术上的任何成就都不可能是偶然的，其中必有科学道理，为长期的实践所验证。安济桥的敞肩拱、平拱路面，并非独立拱等创造发明，不但为千年以上的实践所证明为有效，而且根据1955年的实测，拱圈两脚的沉陷是基本平衡的，并且为数不多，这是对任何桥梁最严格的考验。更当特别指出的是这桥的一孔跨度长达37米以上，这在当时世界上也是少见的，跨度大而拱圈薄，这桥如何能胜任繁重的路上运输呢？若以近代的科学方法来验算，即可发现，这桥的构造是充分利用了小拱对大拱的"被动压力"的，这在当时，诚然是只知其然而不知其所以然，然而所以能知其然，那就无疑是根据实践的经验总结了。可见安济桥不但在桥梁技术上有贡献，就是在桥梁学术上，它的成就也是大大超越时代的。

安济桥不但在技术和学术上有超时代的成就，而且在艺术上也是个光辉形象。它的弧形平拱和敞肩小拱的本身就是个艺术品，线条柔和，构造空灵，既稳重又轻盈，寓雄伟于秀逸。并且拱上桥面亦作弧形，不过弧径稍大，与拱弧天然配合。桥面两旁有扶栏望柱，栏板有蟠龙石雕，望柱上有狮首石像。更有斗子卷叶、多瓣花饰等雕刻，多系隋代精品。一切美术布置都无堆砌现象。可以说，整座安济桥是个技术、学术和艺术的结晶，也是个真、善、美的统一体。永通桥的情况也近似，连栏板浮雕都很美，是善于模拟的。

安济桥建成后，树立了榜样，风声所播，各地仿效者甚多，俨然形成一个"敞肩拱学派"。在赵州，除永通桥外，有济美桥，在宋村东北的洨河水上，建成于明代（公元1594年），其时正在修理大石桥。在山西，有晋城的景德桥，亦名沁阳桥，建成于金代（公元1161—1189年），有崞县的普济桥，建成于金代（公元1203年）。在河南，有济源的望春桥，亦名通济桥，建成于金代（公元1177年）。在浙江，有余杭的苕溪桥，建成于明代（公元1368年）。这些桥都是石拱桥，大拱上都有小拱，不过有的小拱在大拱脚的桥墩上，还非正式敞肩拱。

全世界敞肩拱学派的始祖是安济桥的总工程师李春。在我国历史和文献里，关于桥的记载是非常丰富的，有兴修文记、工程杂录、人物故事、抒情文艺等，真乃洋洋大观。然而唯独对于桥梁本身最有密切关系，在设计施工上负有重责的技术工作者，总是缺略不书，认为无足轻重，实是无可补偿的一件憾事，想不到这件憾事倒不曾碰在安济桥上，因为唐代张嘉贞所作的《安济桥铭》的序文里，开宗明义的第一句话就是："赵州洨河石桥，隋匠李春之迹也。"这就为我国桥梁史留下了极其珍贵的史料。李春应当列入世界名人的行列，为造福人类留念，为我国文化争光。纪念李春也就是纪念他所代表的我国古代的所有桥工巨匠，因为他的成就无疑是所有他的先驱者的经验总结，和在这基础上的发扬光大。北京大学在《金石汇目分编》中发现一项记录，在安济桥下曾有一块唐山石工李通题名石，上有"开皇□年"字样，则是和李春同时修桥的，还有李通，但不知他在安济桥的"迹"是怎样的。

　　安济桥的建成，反映了当时社会经济的物质条件。从安济桥下发掘出的一些断碣残碑中可以看到有六块"修桥主题名石"，这些证明，修桥经费中必有一部分是"修桥主"所捐赠的。古时把修桥补路当作"做功德"，同时也为自己祈福。甚至"布施勾栏"的三块名石上，也有"合家同增福寿"等字样。捐钱的人多，说明社会尚有财力。根据这些修桥主题名石上的文字，俞同奎同志在《安济桥的补充文献》（《文献参考资料》1957年第3期）一文中，推论安济桥的建桥年份，认为是"开皇末年兴修，经过仁寿四年，到大业初年完成"，这就把建桥时间提前到公元605年左右了。

安济桥建成后，历代赞美歌颂的诗文，绵延不绝。见于《赵州志》著录的就有唐代张嘉贞的《安济桥铭》的序文："制造奇特，人不知其所以为……缄穹隆崇，豁然无楹……两涯嵌四穴，盖以杀怒水之荡突……其栏槛华柱，锤斲龙兽之状，矿蟠绕拏踞……"唐代张彧的《安济桥铭》云："虹舒电施，虎步云构……敞作洞门，呀为石窦……力将岸争，势与空斗……"宋代杜德源诗："驾石飞梁尽一虹，苍龙惊蛰背磨空……云吐月轮高拱北，雨添春水去朝东。"元代刘百熙诗："半夜移来山鬼泣，一虹横绝海神惊。水从碧玉环中过，人在苍龙背上行。……"明代祝万祉诗："百尺长虹横水面，一弯新月出云霄。恒山北接千峰秀，驿路南来万国谣。……"又陆健诗："车马人千里，乾坤此一桥。……"清代安汝功诗："天桥苍虬卷，横波百步长。匪心坚不转，万古作津梁。"对永通桥称赞的也不少。宋代杜德源"永通桥"诗云："并驾南桥具体微，石材工迹世传稀。洞开夜月轮初转，蛰启春龙势欲飞。……"明代王之翰《重修永通桥记》云："桥不楹而耸，如驾之虹，洞然大虚，如弦之目，旁挟小窦者四，上列倚栏者三十二，缔浩之工，形势之巧，直足颉颃大石，称二难于天下……"上述诗文中，有的是在桥上刻石留迹的，如张嘉贞和张彧的两个石桥铭柱础残石，都在桥下发掘出来了。同时还挖出很多题有职衔的残石，大概都是想借"到此一游"而"留名千古"的，其中有的是唐代所刻，可见在那时，就已认过桥为荣了。还有一宋人石刻，于仰慕李春之余，表示了不甘示弱之意，他说："不如其人之善得盛名于世，□桥也以石为桥，历海内不少矣，晋江之洛阳，庐山之三峡，备物□□"（□为缺文，下同）。抬出福建泉州的洛阳桥做对比，却也够得上南北辉映，然而洛阳桥却晚了450年。

也正因安济桥地处要冲，它成为历代战争中争夺赵州时的受难者。争夺赵州的战役是很多的。就在上述唐代张彧的石桥铭序文中，他就说："李公晟奉诏总禁戎三万，北定河朔，冬十月师次赵郡。"那是指公元782年，节度使王武俊攻赵州，李晟来解围事。在这以前，公元698年，武则天时"突厥将直攻定州，陷之，杀吏民数千人，又陷赵州"。公元756年，开元十五年春"史思明攻陷赵郡，夏四月，郭子仪、李光弼败之，进拔赵郡，九月史思明复陷赵郡"。后来，公元910年，周德威攻朱温，"将兵出井陉，屯赵州，自是真定复称唐天祐年号"。公元986年，"契丹大举入寇，攻赵州，大掠而去"。公元999年，"契丹隆绪，入寇赵州，帝（真宗）自将御之"。公元1105年，"宋徽宗升赵州为庆源军，此后金人入寇，赵地遂为战场"。公元1213年，"蒙古分兵攻金河北诸郡，悉拔之，赵地人民杀戮几尽"。公元1369年，"十一月大将军徐达、副将军常遇春，率师下赵州"。（以上俱见《州志》）在这些战史中，虽未提到桥名，但大小石桥为进出南门、西门所必经，桥上争夺战是必不可免的。

根据记载，赵州又处在地震区域。据《真定府志》，唐代宗十一年（公元776年），"定州地震冬无雪"；唐代宗十二年（公元777年），"恒州地震，宁晋地裂数丈，震三日乃止"；宋景祐四年（公元1037年），"定州地震"；元至大元年（公元1308年），"冀宁路地震"；明正德三年（公元1508年），"武强地震，白毛生"；明嘉靖十七年（公元1538年），"深州地震，自西北震起，一月间凡数十次倾圮庐"；明天启六年（公元1626年），"地大震，鸡犬皆鸣，振物有声"。较小地震，不及备载。虽未提到赵州，但同在真定府治，大震时必然波及。可见大小石桥，千年来所经地震，也非同小可。

战争和地震，对任何建筑物说来，都是不利的，大小石桥经过了千百年的战争和地震，所受损害，就可想而知了。此外，每年山洪暴发，水流冲击，势必震撼全桥，风雨摧残，冰霜冻结，更是经常剥蚀。每天过桥车马，践踏不停，不仅伤及路面，而且重车上桥，往往走斜线，下桥时，由北往南者，冲向东南方，由南往北者，冲向西北方，破坏了各道拱圈的联结性。因此，大小石桥千百年来经受了各种自然界和人为的侵凌，无可避免，甚至还有意想不到的残伤。从桥下挖出的石刻中，有一块上写"……从南第一虹下□一僧居焉，曰□心"，下有诗："安济桥通官道□，□心洞里有闲人，长流不断东西水，□□□驰南北尘。"敞肩小拱，居然还有僧舍作用，当为李春所不及料，然而，穴居人能对桥无伤乎？

损伤既多，大小石桥的历代修缮，就史不绝书。先谈安济桥。最早一次，约在桥成后200年。在桥下挖出的石刻中，有唐代刘超然的《新修石桥记》，作于贞元九年（公元793年），文云："郡人建石梁几二百祀，壬申岁（公元792年）七月大水，方割陷于梁北之左趾，下坎岸以崩落，上排篷又嵌欹，则修之为可。"可见"二百祀"中全桥完整如故，只是在上年大水中，北岸桥台西首，发现沉落现象，牵动上面拱圈开裂，这才急需修理。桥工坚固，于此可知。这在从桥下挖出的石刻——唐代崔恂的《石桥咏》中，也得到证明，诗云："代久堤维固，年深砌不隳"，"口俊起花叶，模写跃蛟螭"，都是形容这桥的完整壮丽的。这诗据俞同奎同志考证作于唐开元八年（公元720年），亦即在贞元大水之前。后来到了宋代，《宋史》方技传云："僧怀丙，真定人，巧思出天性……赵州洨河，凿石为桥，镕铁贯其中，自唐以来，相传数百年大水不能坏，岁久乡民多盗凿铁，桥遂敧倒，计千夫不能正，怀丙不役众工，以术正之，使复故。"大概是靠外拱圈有侧倾现象，而联系拱圈的铁件，又有短缺，因而要把拱圈"正"起来，千夫不能，而怀丙一人正之，可见他并不是"役众工"来恢复凿铁，而是针对拱圈倾侧的自然原因，设法消除这个原因，使桥复故。他的"术"当然是技术，可惜不传了。再过500年，从明代嘉靖三十八年（公元1559年）开始，对拱石和路面，做了多次修理，皆有碑文为证。张居敬《重修大石桥记》云："……世庙约（公元1530年左右）有鬻薪者以航运置桥下，火逸延焚，致桥石微隙，而腰铁因之剥削，且上为辎重穿敝"，说明桥拱和路面，都需要修理，"以癸亥岁（公元1563年）……肩其役，垂若而年，石敝如前"，并非修好，后来再继，"经始于丁酉（公元1597年）秋，而冬告竣，胜地飞梁，依然如故"。为期不过数月，想所修不会太多，孙人学《重修大石桥记》云："桥之上辙迹深处，积三十年为一易石……重为修饰，以永其胜。……嘉靖四十二年（公元1563年）。"说明上述张文中所谓"肩其役"的成绩，不过是"修饰"而已，所以"石敝如前"。瞿汝孝《重修大石桥记》云："嘉靖己未（公元1559年）……注意郡人修葺……缉其桥之中路，得八尺许。"从此先修路面，"于嘉靖壬戌（公元1562年）冬十二月兴工，至次年癸亥四月十五日告成。所修南北□头及栏槛柱脚，锥斲龙兽，□□旧制，且增崇故事形象，备极工巧。焕然维新，境内改观矣"。经过四个多月时间，又修南北□头（想是桥堍）和栏槛，大概都是表面工作，并未加强桥拱。就这样，再过80年到明末，据传说，拱桥的西面靠外五道拱圈坍塌，又过100多年到清代乾隆间，拱桥的东面靠外三道拱圈坍塌。西面五道，后来不知何时修复。因此，直到1949年时，大石桥的28道拱圈，尚有23道存在，其中20道，可能依然还是隋代李春的遗迹，并未经过修理。

关于永通桥的修理，见于文献的不多。从明代王之翰的《重修永通桥记》得知当大石桥于嘉靖壬戌（公元1562年）兴工，癸亥告成时，小石桥也在同时修理，因为"铺石磨耆，栏杆斜倚，行者病其坎壈，而居者叹其倾颓"，也就是路既不平扶栏也要倒，于是"扶簿募缘，以与四方共嘉惠，不一月得钱如千缗，取石于山，因材于地，穿者起之，如砥平也，倚者易之，如绳正也，雕栏之列，兽伏星罗，照者彩也，文石之砌，鳞次绣错，巩其固也，孟戌之秋，亥之夏，为日三百，而大功告成"。三百天内一千缗，就把大功完成了，所修工程的

河北赵县永通桥

永通桥，位于河北省赵县城西门外，跨清水河，俗称小石桥，敞肩石拱。金明昌间（公元1190—1196年）邑人集资修建。主拱跨径22.5米，小拱一跨1.8米，一跨3米。栏板及望柱花饰精细，人物形象生动。原有石碑，桥左复立小碣，刻桥之图。明万历间重修。新中国成立后旧桥将圮，于20世纪80年代重修，由《中国古桥技术史·敞肩拱》执笔人胡达和、夏树林工程师主持施工。修时尽量利用原来石料及栏板，以保持原桥风貌。

桥梁史话

内容，可想而知。大概拱圈21道，也和大石桥同样坚固，无须修缮。

　　从大石桥的"修桥主"和小石桥的"募缘簿"看来，开始建桥时固然有部分工款，来自捐赠，到了后来修桥时，恐怕全部经费，都是"随缘乐助"。由于路面和扶栏，都是有目共睹的，因而化缘比较容易，同时对栏板雕柱，也不妨"备极工巧，焕然维新"。出钱多的人，或是修桥记中留名，或是立柱刻石纪念，都是求之不得的。出力而不出钱的，当然也大有人在，在这里面值得注意的是和尚。关于重修大石桥的张居敬文内有"令僧人明进缘募得若干缗"语，孙人学文内有"僧悟成募缘语"，这两位和尚，除化缘而外，不知曾否参加了修桥工作，如同宋僧怀丙那样。和尚庙，往往是化缘兼施工，他们中尽有卓越的工程师。不过大石桥里还有道士遗迹，明代翟汝孝修桥文内有"曩桥之穹隆处悬一石约丈余"，一道人修好，"神实相之"，好像是个"仙迹"。

　　由于大石桥的巧夺天工，自宋代起就盛传桥上有仙迹，杜德源诗云："休夸世俗遗仙迹，自古神工役此工。""世俗"传说：桥是鲁班修，修完后，张果老骑驴，柴荣推车，同时上桥，使用仙法，运来五岳名山，把桥压得摇摇欲坠，但鲁班用手，在桥东侧使劲顶住，居然把桥保住了，因而桥上留下几处"仙迹"即驴蹄印、车道沟、手印，还有张果老斗笠印及柴荣膝印。这些"仙迹"都在桥的东侧，路面三分之一的范围内，因而罗英同志在《中国石桥》里说，为了让开"仙迹"就要在桥面当中行车，这于保护桥梁是有益的。大石桥也因"仙迹"而名气愈大。京剧《小放牛》唱词有："赵州桥，鲁班爷修，玉石栏杆圣人留，张果老骑驴桥上走，柴王爷推车轧了一道沟。"把柴荣称作王爷，恐怕这种唱词在宋代就有了，后来小石桥也挤进大石桥的神话里去了，据说当鲁班修大石桥时，他的妹妹修小石桥，两人竞赛，要在一夜之间完成，不料妹妹到底敌不过哥哥，快到天亮，小石桥还差得远，幸亏有天神过境，打抱不平，帮助妹妹施法，这才使她获得胜利。然而妹妹曾否留下"仙迹"，倒未听过。《小放牛》唱词中，"玉石栏杆圣人留"的传说，恐怕起于唐代，《朝野金载》里有一故事："赵州石桥，其工磨砻密致如削，望之如初月出云，长虹饮涧。上有勾栏，皆石也，勾栏并为石狮子，龙朔（公元661—663年）中……盗二石狮子去，后复募匠修之，莫能相类者。"由于原来雕刻精美，后人很难模仿，就把它的创作权，推给"圣人"去了。

安济桥建成后，为人民服务了1350多年，虽经历代修缮，从未彻底。只有在新中国成立后，它才得到新生。人民政府重视文物保护，于1953年起即着手大修。那时东边外侧的三道拱圈，早已塌毁，邻近两圈也有很大裂缝，有随时坍塌的可能。西边外侧五道拱圈曾经坍塌重砌，石质犹新。为何西边的拱圈比东边的倒得多，倒得早呢？据说是因为千百年都是进城的重车多，出城的重车少，因而桥上向西北方的冲击力大过向东南方的冲击力。经过了彻底调查，做出了复旧设计，在1955年到1956年间，将全桥修竣。由于在河底挖出了1500多块积石，其中有原来桥上的栏板雕柱，因而桥面和扶栏，都可完全恢复原状。修竣后的大石桥，从远处看去，就像一座近代化的拱桥，但它却是一件1500多年的古代文物，为国家重点保护了！

介绍五座古桥 [1]

在1963年第9期的《文物》上，登载了我写的关于我国古代桥梁的一篇短文，原名《五桥颂》，发表时改为《重点文物保护单位中的桥》，因为所写的五座桥，在那时国务院已经公布为第一批全国重点文物保护单位了。现在又介绍五座在我国历史上都曾发挥过巨大作用，在科学技术上都有过重要贡献的古桥。这五座桥是：四川的珠浦桥、广东的广济桥、福建的洛阳桥、江苏的宝带桥及陕西的灞桥。

---

[1] 此文发表于《文物》，1972 年第 1 期。

珠浦桥

珠浦桥在四川省灌县西北岷江分为外江与内江的"浦"上，其下即都江堰的"鱼嘴"。原为竹索桥，长320米，1964年改为钢索桥，长240米。

这座桥不在公路干线的孔道上，桥上不能行驶汽车，但于来往灌县的行旅及都江堰在内江与外江岁修时的过江运输，极为需要。都江堰范围内，有二王庙及伏龙观[1]，新中国成立前，川西各县人民来此观光的很多，桥上交通，最称繁盛。

珠浦桥和都江堰[2]是分不开的。都江堰是川西成都大平原上一套完整的农田灌溉系统的总称，这个灌溉系统已有2200多年的历史。都江堰本身，原为岷江中的一个沙洲，将江分为内外两股，其内江分出后，在灌县城西为一山所阻，折入岷江，与外江合并，山名灌口山[3]。秦代李冰任四川太守时（公

---

[1] 二王庙为纪念李冰及其子二郎的庙宇，伏龙观为纪念李冰的专祠。

[2] 都江为岷江古称。都江堰亦名"都安堰"，因灌县在汉代名"都安县"，又名"湔堰"，因"湔江"为内江古称。

[3] 灌口山之名始于汉代。《汉书·文翁传》："景帝末（约公元前141年）为蜀郡守"。《元和志》："汉文翁穿湔江灌溉，故以名山"。

元前251年）将这山凿开一个缺口，让内江流出，与成都平原各河川汇合，组成一个灌溉系统。李冰开凿灌口山之处名离碓，故《史记·河渠书》中云"蜀守冰，凿离碓"。因凿山而

四川灌县安澜桥（珠浦桥）

安澜桥，即古珠浦桥，位于四川省灌县西二里，竹索桥。宋淳化元年（公元990年）大里评事知永康军梁楚建。淳熙四年（公元1177年）范成大有《渡绳桥记》云："桥长百二十二丈，分为五架，广十二绳排联之，上布竹算，攒立大木数十于江沙中，荃石固其根。"清嘉庆十二年（公元1807年），塾师何光德夫妇相继修桥，桥长九十丈。1975年，仿旧式改为钢丝索桥，计八孔。

开出的缺口，名宝瓶口。灌口山也名为金灌口，或玉垒山。为了稳定内外两江的分流，岷江沙洲两岸，各筑起石堤一道，名内外金刚堤。两堤在沙洲分水尖端相遇，形成沙洲的鱼嘴。内江经过宝瓶口的流量，具一定限度，过此限度，则超出的流量及所挟泥沙，在未到宝瓶口前，即从飞沙堰漫溢，而在沙洲尾流入岷江。通过各种控制设施，内外两江得到适度调节，防洪引水，保证了岷江的航运及灌溉的功能。自李冰创始，2000多年来，都江堰水利工程，逐渐改进，直到新中国成立后，才得到系统的更大的发展。

珠浦桥何时创建，尚未查得记载，唯知在宋代（公元960—1279年）时，名平事桥（根据灌县文物保管所1965年"简介"）。桥名"珠浦"，因"浦"为"大水有小口别通者"（见《风土记》），而"珠浦"则是因与宝瓶口、金灌口、玉垒山等配合而被赐以嘉名。这桥在明末（公元1628—1643年）与都江堰同时被毁，到清嘉庆八年（公元1803年）方重建，改名为安澜桥。

《四川通志》云："其制两岸絫石为穴，键石为笼，夹植巨木，屹砥湍流，编竹绳跨江，横阔一丈，离水面五丈，长一百二十丈。"《灌县志》云：桥在县"西二里……崇德庙（即二王庙）前，旧有索桥，即珠浦桥也，久废，设义渡以济往来，每当夏秋水溢，常有覆溺之患。嘉庆八年……仿旧置建立，长九十丈，高二丈二尺，阔一丈，名安澜桥"。

"编竹绳跨江"的竹索桥，其结构如下：以竹丝编成竹缆，粗如碗口，陆续接长，横跨全江，其两端绕系于横卧大木碾，转动木碾时拉紧竹缆，以免下垂过度。大木碾安置于木笼内，木笼位于两岸石岩中所凿的石室。竹缆十根平列，上铺木板为桥面，可以行人，两旁各有较细竹缆六根，作为栏杆。由于桥底竹缆太长，下面用木排架八座及石墩一座承托，将桥分成九孔，全长320米，一孔最大跨度达61米。每座木排架用大木桩五根，打入江底，中用横木连接，下有石块堆砌，其两边木桩较长，形成斜柱。石墩一座，位于江堰的鱼嘴上，内有石室，亦有大木碾，可以拉紧竹缆，其作用与两岸的大木碾相同。

这座桥，以竹为缆，以木为桩，都是就地取材。与都江堰的水利工程相似，用竹笼装石，筑成堤堰，用竹木绑成三脚架的"杩槎"，放在水边，堆上黏土，成为临时挡水坝，费省效宏，简单易行，足见历代劳动人民的巧思高艺。

竹材的强度甚高，几与钢铁相近，但易受气候影响，雨淋水浸，容易伸长；气候干燥，又易收缩；因而使用时间受了限制。竹索桥必须随时查看，经常检修，并规定三年大修一次。珠浦桥附近有竹林，用新竹换旧竹，旧竹除可利用者外，以之出售，料价可抵修桥工费，是个自力更生的维修方法。

竹索桥的缺点，与一般索桥相似，缺乏刚性，人行其上，最怕桥身摇晃。《黔书》中描述盘江铁索桥云："然绠长力弱，人行桥上，足左右上下，绠辄因之而升降，身亦为之摇撼，眩晕不克自持，乘车马者至此必下，且不容二人接武而行，必待前者陟岸，后者始登，若强而相蹑，震动愈甚。"珠浦桥虽用竹索，行人尚未如此惊恐。1964年，随着都江堰的发展，将竹索改为钢索，承托缆索的排架木桩，改为钢筋混凝土桩，桥身更形稳定。由于在江堰鱼嘴上兴修发电站，桥身缩短为240米。珠浦桥化险为夷，万民欢颂。唐代诗人杜甫有咏竹桥诗，赞美建桥者云："伐竹为桥结构同，褰裳不涉往来通。天寒白鹤归华表，日落青龙见水中。顾我老非题柱客，知君才是济川功。合欢却笑千年事，驱石何时到海东。"他未能料到社会主义的伟大，我们已经"驱石"（此引秦始皇"鞭石成桥"的神话，实际上是将大石块放在下有小轮的木板上，人推石块前行，当作"鞭石"）建桥到"海东"了。

竹索桥修建时，有一段民间故事：在都江堰旁的内外两岸上，旧桥早毁，唯凭舟渡，夏季江水暴涨，渡客常多覆溺，即幸而安渡，也受渡船勒索。有塾师何先德，关心人民疾苦，倡议修建竹索桥，并参加工作。不意在索桥将要完工时，竹索断毁于风雨之夜，官僚们怕何先德揭发弊端，借口他的过失，将他杀害了。群情激愤，拥护其妻何娘子，继夫遗志，出面负责施工，终于将桥建成。人们为了纪念他们夫妇，就将建成之桥，改名为"夫妻桥"。这故事流传很广，后来就被编成川剧，搬上舞台。

广济桥

广济桥在广东潮州市东面韩江上，旧名济川桥，通常称为湘子桥。新中国成立后，1958年大修，改建成通行大型汽车的桥梁。

这座桥创建于宋代，迄今已近800年。全长518米，中有一段，用船只连为浮桥，可以解开，让出航道，成为可分可合的活动桥，是我国桥梁史上的一个特例。后来这座活动桥改为固定桥。

广济桥为福建、江西、广东三省交通要道，具有经济上、军事上的重要性。

韩江由两大支流汇为巨川，东支汀江，源出福建长汀；西

桥梁史话

广东潮州广济桥

广济桥，位于广东省潮州市城东，又名湘子桥，跨韩江，为我国特殊开启式大桥。东西两岸各建一段石桥，中间为开启浮桥，为三大古桥之一。建于宋乾道年间（公元1165—1173年），明代五次重修。1939年，浮桥改建悬索桥，仅通车一次。1958年重建。现全桥长518米，共二十二孔，计中间增建了三孔。桥墩形状不同，跨度不一，仍保有古桥雄伟风貌。

支海江，源出广东安流、平远等地，两支集合于三河坝，曲折南流，经过潮州，在澄海、汕头入海。韩江流量变迁很大，枯水与洪水，相差几达一百倍。全江流域的地平，高低悬殊，所经山谷，多系经过风化的砂岩、页岩，因而水流湍急，所挟泥沙，淤积于中下游，江水盛涨时溃决堤防，久旱枯涸又阻塞航运，既破坏农田，又妨碍交通。这江原名"恶溪"，又名"恶溪""鳄溪"。唐代韩愈（公元768—824年），因谏阻迎佛骨，于元和十四年（公元819年）被贬为潮州刺史。因江水汹涌，又有鳄鱼，故他在《潮州谢表》中有云："通海口，下恶水，涛泷壮猛，难计程期。"他在此又写了有名的《祭鳄鱼文》。他这年三月到潮，十月调任。后来，这"恶水"就改名为韩江。潮州境内的"笔架山"，因他尝登览，就改名为韩山，他所手植的橡木就改名为韩木。

韩江是很重要的水运航道，上游水急滩多，不利舟行，但自大埔至汕头，则水深面阔，可通大船，甚至海洋巨舰，也可由汕头直驶大埔，既长且宽的大木排，也可由上游顺流而下。由于韩江流经闽、粤富饶地区，在潮州的渡江需要，自古已然，自南宋以后，更形迫切。但是要在这壮猛急流上造桥，而往来船舶又如此之多，这座桥究竟如何造呢？

据《潮州府志》，"广济桥，在城东，跨韩江上，广二

桥梁史话

丈，长一百八十丈，旧名济川。西洲创于宋……增筑为十。东洲……增筑为十有三，久之洲坏桥断。宣德中……垒石为墩二十有三……造舟二十有四为浮梁，更今名。……嘉靖间……桥南北皆甃石栏而圬以灰，岁金桥夫四十四名，渡夫十名司守"。文中所谓东西洲，指东西段的桥墩。从这里看出，这桥的修建是分段进行的，由宋至明的三百年间，工程未断。

根据记载，桥工分三段进行。西段靠城关，先行动工，自宋代乾道六年（公元1170年）开始，历时57年，建成桥墩九座，后在明代正德元年（公元1506年）扩建一墩，故西段共有桥墩十座。东段从对岸开始，自宋代绍熙元年（公元1190年）开始，历时16年，也建成桥墩九座，后于明代宣德十年（公元1435年）扩建五墩，故东段共有桥墩十四座。两段共建桥墩二十四座，但后来因沙土淤积及修整江岸的原因，两岸各去了二墩，现在共存桥墩二十座。

在东西两段石桥之间，尚有将近一百米宽度的河道，未曾筑墩。据明代姚友直《广济桥记》中有云："中流惊湍尤深，不可为墩，设舟二十四为浮梁，栏楯铁链三，每链重四千斤，连亘以渡往来。"

所筑桥墩，全部都是石砌，大小不一，形态各异，南北两端，均作尖形，石块与石块之间不用灰浆，但凿有卯榫，使相契合，然都庞大异常，闻所未闻，其宽度6~13米，长度11~22米，各墩宽度相加，总和达207米，占全桥总长40%。水中桥墩所占河道流水面积，更在40%以上。这当然抬高了水位，增加了流速，并刷深了河床，大大增加了中流筑墩的困难。也可见，所谓西段九墩，费时57年，东段九墩，费时16年，并非一次修筑所费的时间，而是修成复坏，断断续续所费的全部时间。桥墩宽度增加，又压缩了船舶过桥的通道，迫使较大船只及下放木排的航行，都集中于东西两段尽头桥墩之间的河道，并使"中流惊湍尤深，不可为墩"。桥工如此困难，而不放弃，虽旷日持久，终抵于成，足见这桥对人民生活的重要性。明代姚友直在所作《广济桥记》中，反映了这情况："其途通闽浙，达二京，实为南北要冲。其流急如马骋而汹涌，触之者木石俱往。水落沙涌，一苇可渡，水涨沙逸，数里旷隔，虽设济舟，日不能三四渡，咫尺之居若千里，士女不得渡，日夜野宿，以伺其便，军民病涉，莫此为甚。自宋至是，因循不能修复者殆百余岁，凡登途而望者，莫不痛恨，以为斯桥不复。终古苦涉矣。"

"设舟二十四为浮梁"，将东西两段石桥连为一体，是一很高明的设计，然而因此妨碍了中段河道上的航行，发生了一个极大的矛盾，因为那时从汕头来的大船，仍要上驶大埔，东

184   桥梁史话

西段的桥墩中间，均不能通过。于是得一解决办法：浮梁中的船舶，既是由铁链连接，则解开铁链，将船移动，即可让出河道，暂通水运，然后再拉紧铁链，使船归位，依然成一"浮梁"。这样就使整个广济桥成为一座可分可合的活动桥。这是一种"想当然耳"的说法，未见确证，初见于罗英所著的《中国石桥》（1959年出版）。甚至用船舶搭成一座"浮梁"，究竟创造于何时，亦未见记载，但明代姚友直的《广济桥记》中有云："中流不能为梁者，仍设浮舟，系以铁缆。"可能在那时以前，即以"浮舟"代梁了。

全桥桥面，除"浮梁"上铺木板外，其东西两段各墩之间，均用巨石作梁，拼成桥面，石梁尺寸，异常庞大，最小者高1米，宽0.8米，长12米；最大者高1.2米，宽1米，长18米。

广济桥的创建，费时之久，固所罕见，而历代修理的频繁，也很惊人。除小修不计外，明代大修即有五次：① 宣德中（公元1426—1435年），重修西段十墩，东段十三墩，又造舟二十四为浮梁，并将浮梁上木板改为石梁，以期稳定，因这时大船不往大埔，止于潮州，无解舟通航的必要。② 弘治中（公元1488—1505年）桥"复圮于水"，重修一次。③ 正德中（公元1506—1521年）"大水坏梁，易以石，相继重修"。④ 嘉靖间（公元1522—1566年），除修桥外，并于桥上"立东西亭，南北增造石栏杆"。⑤ 万历间（公元1573—1620年）重修，"桥上木屋，群集成市"。到了清代，重修次数更多：① 顺治间（公元1644—1652年）因遭兵祸，石梁仅存1/10，全部修复。② 顺治十年（公元1653年）焚毁大修。③ 顺治十一年（公元1654年）"以大木架梁修理"。④ 康熙十年（公元1671年）重修。⑤ 康熙十六年（公元1677年）"八月十四日夜，西岸桥下吼声如牛，石墩忽倒其一"，隔了三年修复。⑥ 康熙二十四年（公元1685年），"易木以石"。⑦ 康熙五十九年（公元1720年），"水决东岸石墩，没者二"，其后隔了四年修十墩，再隔四年又修一墩。⑧ 道光二十二年（公元1842年）大水冲毁东岸九墩，陆续修复。"中部仍用浮船十八只"，可见在这以前，浮船已非二十四只了。后来，在抗日战争期间，于公元1939年，在中段浮梁处，取消船只，改建悬索吊桥，据云只通车一次即废，现吊桥铁塔犹存。

广济桥的修理，为何如此频繁呢？当然由于建筑关系，然而也是灾难过多所致。① 洪水泛滥，冲毁桥墩多次，至于大水漫桥的次数更多，公元1911年，全桥即为大水淹没。② 飓风为害，海水上溢，致桥梁受损。自明弘治至清乾隆年间，发生飓风33次，平均每7年一次。其后亦数见不鲜。③ 地震。自明永乐至清乾隆年间，有23次，平均每15年一次。至公元1918年更遇七八级地震，桥墩发生裂缝及倾斜现象。除天灾外，尚有兵祸，清顺治二年、十年均遭兵火焚毁。1939年，抗日战争中，遭受敌机轰炸。在各种灾难侵袭下，桥墩损坏日多。① 裂缝。所有桥墩都不免，轻重不一，有的块石走样，有的坠落。② 孔洞。除裂缝外，尚有大小不一、深浅不同的孔洞。由于块石为波浪冲击吸出，或为地震离心力抛出，或为木排撞击脱落，最大孔洞，可容一只小船进出。③ 倾侧。地震影响较大，如公元1918年地震后，东段各墩，都有向上游偏敧的现象。

经过800年的"服役"，广济桥在新中国成立时，已经残破不堪。1958年大修，全桥整旧更新，呈现今日雄姿。在大修时，也重视文物的保护，所有旧桥墩全部保留利用，并予以彻底修整，增加了强度。

现在的广济桥，全长518米，分为三段，靠市区的西岸部分，长137.3米，计七孔八墩，每孔跨度，8~17.5米不等；东岸部分，长283.4米，计十二孔、十二墩、一桥台，每孔跨度，9.4~12.9米不等。两部分桥墩，都是石砌，为长轴六边形，上下游做成尖形，以利水流。桥面下为原来石梁，上为钢筋混凝土路面。东西两段之中间部分，长97.3米，原系船搭"浮梁"，现改为三孔钢梁，每孔跨度34.7米，上铺钢筋混凝土桥面，下由"高桩承台"的桥墩支承。全桥桥面原宽五米，现为七米。桥上车道两旁有人行道，外为预制混凝土的回纹花格栏杆及灯柱。

历年来桥上常有各种建筑物，作为点缀，如亭屋、茶亭、碑亭、石塔等。明代姚友直《广济桥记》中云："桥之上乃立亭屋百二十六间……作高楼十有二……"由桥西亭而东为楼五，凡楼屋五十间，由浮梁而东为楼七，凡楼屋七十六间，可见规模的宏大，后来都毁了。清代雍正三年（公元1725年），在"浮梁"两边桥墩上，铸置两只铁牛，后来一只坠河中，故潮州当时流传一首民歌："潮州湘桥好风流，十八梭船廿四洲，廿四楼台廿四样，两只铁牛一只留。"（梭船为"浮梁"之船，原为二十四只，后减为十八只；洲为桥墩，原为二十四座，后为二十座；廿四楼台，因"高楼十有二"，每楼分东西两个部分。）

广济桥又名湘子桥，成为通称。据传说：湘子是唐代韩愈的侄子。韩愈在韩江上造桥，累年不成，韩湘子"下凡"来助，施展"仙法"，一夜间就成功了，故以此命名来纪念他；这完全是无稽之谈。首先，广济桥创建，在韩愈死后三百年；其次，韩湘子是韩愈的侄孙而非侄子，从未到过潮州；而且他并非好道学仙之人。从宋代朱熹（公元1150—1200

年）的《考异》起，经明清两代学者考证，都已辨明得很清楚了。根据《唐书·韩愈传》和他的《年谱》《碑铭》及诗文集，韩愈有三个哥哥，均早死，长兄韩会和次兄韩介的双祧子名老成，即愈所写《祭十二郎文》中的"十二郎"。十二郎也早死，遗两子，长名韩湘，次名韩滂。韩愈自潮州迁到袁州（今江西省宜春）后，才将两个侄孙接去，不久滂死，愈又往长安，湘随去，于长庆三年（公元823年）成进士，时年三十，累官至大理寺丞，未见有学道的记载。不知何故，唐末《青琐高议》及《酉阳杂俎》中，都记了韩湘的"聚土覆盆""盆中开花"的神话，后来愈说愈广，愈广愈奇，宋末《续仙传》中将韩湘子列为"八仙"之一，到了元代，就有剧本"八仙庆寿"，韩湘子更成为一个著名的神仙了。至于他的名字联系到广济桥，更不可解。也许是由于韩愈曾任潮州刺史之故。然而愈在潮州，不过六个多月，而且当时并未为潮人所重，所谓韩江、韩山、韩木等尊韩名称，都是唐代以后的事。是否因愈为大文豪，引以为荣，又值韩湘子名气日盛，再加一桥名为尊韩，均尚有待于考证。

洛阳桥

我国古桥中，民间传说最广的，几于通国皆知，北方有赵州桥，南方有洛阳桥。福建省在1961年4月，公布洛阳桥为省级重点文物保护单位。

洛阳桥位于福建泉州洛阳江的入海尾闾上，为福州至厦门之间的重要孔道。桥长834米，桥面宽7米，桥栏高1.05米，桥面现为钢筋混凝土筑成，可通行重型汽车。

"洛阳江在府城东北二十里，实晋江、惠安二县夹界之江也，群山逶迤数百里，至江而尽。昔唐宣宗（李忱）（公元847—860年）微行，览山川胜概，有类吾洛阳之语，因以名。"《闽书》："宋《淳祐郡志》引沈存中《梦溪笔谈》云，水以漳洛名甚众，洛，落也，水落于下谓之洛，旧号洛洋。《九域志》作乐洋江，以落为乐，误矣。后又以洛阳名之，而好事者又云，唐宣宗出家时，至此，谓风景大类西洛，则不根为甚。按宣宗尝至同安夕阳寺，西洛之说，似亦未必无据者，古谶'洛阳沙平，泉南公卿'"，则洛阳之名已古矣。《金石萃编》谓"然欧四门已有洛阳亭送别诗，岂肃代之世，预知有宣宗语耶"。可见洛阳江得名故事，并无定

福建泉州洛阳桥（万安桥）

论。泉州有《浯江郡志》云，"晋南渡时，衣冠士族，避地于此，故又名晋江"。如果东晋时避地来泉的士族，已经多得能使江以晋名，那么，南宋以后，从开封、洛阳来的士族更多，岂不会将"洛洋江"改名为"洛阳江"的故事，更加渲染吗？洛阳这个名字，因历史悠久，好像有魔力，不但国内重视，而且传闻海外，据说日本京都，仿洛阳规划，至今有"东洛""西洛"之称。

洛阳江入海口处，水阔五里，正当交通要道，不仅北宋"南渡"以后，闽南人口骤增，经济发展，而且泉州自南朝即为出海港口，到唐代更成为对外贸易的四大港口之一，因而过渡的人，日益增多，而风险也愈甚。《泉州府志》中有云，"万安桥未建，旧设海渡渡人，每岁遇飓风大作，沉舟被溺而死者无算"，因名渡口为"万安渡"以祷之，而建桥需要愈形迫切。然而江流湍急，海潮汹涌，水面广阔，泥沙之深莫测，建桥又谈何容易。

《福建通志》载："宋庆历初（公元1041年），郡人李宠始甃石作浮桥，皇祐五年（公元1053年），僧宗己及郡人王实、卢锡倡为石桥，未就，会蔡襄守郡，踵而成之。"创始作浮桥的人，文中说是李宠，但在《读史方舆纪要》中，则作陈宠，未知孰是；但不论李或陈，在史书中均未查到他们的传略。蔡襄本人在桥成后，写了一篇《万安桥记》，因在万安渡上故名万安桥，也可见洛阳桥的名称，到了南宋以后，因"南渡"的人日见其多，才逐渐盛行起来。蔡襄的桥记，后人为之刻在碑石上，现存桥南的蔡襄祠内。因蔡襄是有名的书法家，历来传说碑文是他的亲笔（也有人说是他的曾孙蔡横写的），于是称颂云"当与桥争胜"。碑石上的刻文如下："泉州万安渡石桥，始造于皇祐五年（公元1053年）四月庚寅，以嘉祐四年（公元1059年）十二月辛未讫工。累趾于渊，酾水为四十七道，梁空以行，其长三千六百尺，广丈有五尺，翼以扶栏，如其长之数而两之。靡金钱一千四百万，求诸施者。渡实支海，去舟而徒，易危而安，民莫不利。职其事者卢锡、王实、许忠、浮图义波、宗善等十有五人。既成，太守莆阳蔡襄为之合乐谯饮而落之。明年秋，蒙召还京，道由是出，因纪所作，勒于岸左。"文虽不长，但记下了几项重要事迹。一是造桥时间共六年八个月；二是桥长三千六百尺，有四十七孔，桥宽十五尺；三是造桥经费一千四百万，由募捐而来；四是负责造桥的人共十五位，内五位列名，二人是和尚，三人大概是募捐和管事务的，其余十人名未列，想是设计和施工的桥匠。和尚二人想系为募化和监工的，其中义波和尚，特别有功，至今桥上有他的"真身庵"。那时及稍后的福建桥工，几乎无一桥无和尚参加的。文中"累趾于渊"即建筑桥墩，为造桥的关键工作，惜文中未详。但蔡襄在桥成后的隔年，"道由是出"，可见桥成无恙，筑墩的方法是可靠的。是什么方法呢？《福建通志》记桥的长和宽后说："以蛎房散置石基，益胶固焉。"又《名胜志》中叙万安石桥文中，亦有"桥下种蛎固其基"之语，《通志》又云"元丰初（公元1078年），王祖道知州事，奏立法，禁取蛎房"，则桥成后二十年，蛎房之效益著，故立禁取之法。

究竟蛎房对桥基的作用何在呢？

罗英在所著《中国石桥》中，由于参阅古籍，广集传闻，并征询蔡襄后裔，认为洛阳桥的建筑方法如下：在江底随着桥梁中线，满铺大块石，并向中线两侧，展开至相当宽度，成一条整体的横过江的矮石堤。但洛阳江水深流急，所抛石块，小的易被水流漂失，大的平时尚能稳定，但潮汛遇风，仍可漂流入海。如何将石块胶成整体，成一大问题。因那时石灰浆在水中不能凝结。后来多方探寻黏合材料，看到在这江里，"盛产牡蛎，皆附石而生，初如拳石，四面伸展，渐长至一二丈，崭岩如山，俗呼蚝山"。因而就想出，在所抛石块上，繁殖蛎房。试之果然生效，就用作桥基，在上面建筑桥墩。用大长条石齿牙交错，互相叠压，逐层垒砌，筑成桥墩。墩的上下游两头，俱作尖形，以分水势。桥墩间距离不一，视所采用的石梁长度而定，两墩间净孔，在一丈五六尺上下。沿岸开采的石梁，预先放在木浮排上，等到两邻近桥墩完成后，即趁涨潮之时，驶入两桥墩间，俟潮退，木排下降，石梁即可落在石墩上。石梁上铺桥面，旁立桥栏，全工告竣。这样筑成的桥墩底盘，即现代桥工中的所谓"筏形基础"。现代桥工的"筏形基础"方法，运用还不到一百年，而我国桥工在近900年前就已运用，可算我国桥工的一个贡献。

关于洛阳桥的兴建，神话很多，录其一则。《闽书》云："是桥也，坦夷如官道，可三里余，扬州二十四，空悬月夜，吴江'飞压'，仅表虹垂，兼以忠惠（蔡襄）记文，书笔并精千古，于是好事者竞传桥异，谓桥未兴时，深不可趾，忠惠为檄，使隶投之海而告之，隶叹息曰，茫茫远海，何所投檄，买酒剧饮，醉卧小艇上，醒而起视，则檄已换，第书一'醋'字。忠惠公曰，神示我矣，当二十一日酉时潮退可址也。"又传此隶名夏得海（下得海），桥上曾有"夏将军庙"。关于"醋"字神话，传说最广，许多洛阳桥记载中，几乎无一不提此事，并且一般都解释为"二十一日酉时"，"廿""一""日""酉"合起来，恰是"醋"字。这是一种附会的说法，酉时已经天黑，如何能施工？按宋代历法"建寅"，以正月为寅，则酉为八月，上引《闽书》云"二十一日酉时"，其"酉时"或为"酉月"即八月之刊误，而八月二十一日正是大潮趋弱之时，适合施工需要。是何种施工呢？并非江底抛石之工。据明代姜志礼《重修万安桥记》中有云："昔忠惠公以二十一日安桥，今须事也，及是日，滔天之水果自东来（此文有误，应是弱潮），石梁遂上。"说明利用潮水，为的是上"石梁"，而非下石基，即罗文所说，石梁在木排上，随潮水涨落，安装在桥墩上的工作。至于一般施工，每日皆可为之，不像用浮排上石梁，是要选择适当的潮水涨落的。

关于"蔡状元起造洛阳桥"的故事，流传已久，但经考证，发现一些问题，值得讨论，今试为解答。

蔡襄与洛阳桥　　根据宋代欧阳修所作《端明殿学士蔡公襄墓志铭》、明代徐𤏻所作《蔡忠惠公年谱》，及蔡襄本人诗文集，他两度为泉州太守，第一次赴任在至和三年（公元1056年）二月初七日，闰三月诏移知福州，六月离泉，八月初四日赴福州；嘉祐三年（公元1058年）再知泉州，七月初一赴任，五年秋，召拜翰林学士权三司使，六年二月就道。洛阳桥工程，从公元1053年四月到公元1059年十二月的六年八个月中，蔡襄在开工后三年才来过不足六个月，隔了两年再来，离完工也只有十六个月，这样看来，好像他对桥工，并无多大关系。可是，为何说这桥是他造的呢？《宋史·蔡襄传》载他"徙知泉州，距州二十里万安渡，绝海而济，往来畏其险，襄立石为梁，其长三百六十丈，种蛎于础以为固，至今赖焉"。这记载应当可靠，不过不够详细；但在《福建通志》中找到了答案，这里说："皇祐五年（公元1053年），僧宗己及郡人王实、卢锡倡为石桥，未就，会蔡襄守郡，踵而成之。"文中"倡""未就""会""踵""成"等字，说明了在皇祐五年开工，但没有成就，等到蔡襄来，才把工程接过来，提出施工方案，将它完成。什么施工方案呢？一就是"种蛎于础以为固"；二就是利用潮水，浮运石梁。

蛎房是牡蛎的壳聚凝而成的，在汕头海边，久有利用蛎房筑堤的方法。1970年根治海河时，在海边就遇到坚实的蛎房成岩，长221米，宽150米，厚2米，开挖困难，严重影响到施工进度，就是一证。在洛阳桥，不是用它代替石块，而是用以胶凝石块。

还有关于和尚问题。《通志》中说是"僧宗己"，而蔡襄写的桥记中说是"浮图义波、宗善"，可见开工之始，宗己并无大用，蔡襄来泉后，义波、宗善才能发挥作用。

蛎房和潮水的利用　这和蔡襄本人的经历有关。《宋史·蔡襄传》云："蔡襄字君谟，兴化仙游人。"但蔡本人在他写的桥记中云，"太守莆阳（即莆田）蔡襄为之合乐谯饮而落之"。究竟蔡是仙游人还是莆田人呢？这两地相距不远，但莆田靠海，两地的生活习惯是有些不同的。蔡襄的父亲是莆田人，母亲是仙游人，蔡幼年常住仙游，不过莆田是他出生之地，他对沿海劳动人民的丰富经验应有所闻，知道海潮涨落及蛎房作用，后来便应用到桥工上了。

关于"醋"字神话　《泉州府志》中有一段记载，说它是同蔡锡有关，而不是同蔡襄有关："宣德间（公元1426—1435年），蔡锡知泉州，先是洛阳桥圮坏，故石有刻文云'石摧颓，蔡再来'，至是锡捐俸修之。海深不可趾，锡檄文海神，遣卒投之，卒醉卧海上，寤视檄面，题一醋字，锡曰酉月廿一日也，至期潮果不至（？），桥成，民祠于蔡忠惠祠畔。按明《列卿传》亦以移檄海神为蔡锡事。"这段资料很可贵，因为很多讲蔡襄造桥的文中，都要提到这个"醋"字神话，而其可靠性实有问题。首先，蔡襄当时在泉州是很有名声的，他提出的施工方案，群众不会反对，无须借助于神话。其次，洛阳桥上的修桥碑文中，凡提到这个神话的，都写于蔡锡以后，而非以前。再次，各文中对这醋字的解释不一致，有的说是"酉时"，有的说是"酉月"，而酉月正是蔡锡的解释。从情理推测，蔡锡是修桥而非造桥，施工方法尽可依照前例办理，可能是关于利用潮水一事，发生疑问，故蔡锡编制出这神话，甚至假托说是以前蔡襄的故事，以期动听，因而这故事就传开了。由于蔡襄的名气大，后来传说蔡锡的故事，提到这个姓蔡的泉州太守如何修洛阳桥，很容易把它当作蔡襄的神话。故备此一说，以待续究。

蔡襄状元　蔡襄是状元，在民间传说极广，然而在"官书"里，他并不是。他生于北宋大中祥符四年（公元1011

桥梁史话

年），死于治平四年（公元1067年），在天圣七年（公元1029年）中进士，年仅十八岁。在唐代，进士中的第一名，称为状元，但在北宋，各省省试的第一名就称状元，即是后来的所谓会元，而蔡襄都不是。到了南宋，恢复廷试第一为状元的制度，但加了一条特例，即中进士时，名列中优等，后来做官立功多次者，也可称状元。蔡襄是北宋进士，曾以龙图阁学士身份做过开封府知府（与包拯同），又升端明殿学士，因而做官是有"功"了，人们就把他当作南宋进士，称为状元。

以上是附带谈到同蔡襄有关的几个问题。

当然，洛阳桥这样艰巨工程的成功，最根本的还是由于不少桥工巨匠的贡献，不能把它只归功于蔡襄。据《泉州府志》，"石匠四至，各呈其艺，有献石狮子者，其发玲珑有条理；又一人所献，其口开处小容指，有珠圆转在口中，殆不可测"。当然"四至"者中，不乏桥工巨匠。参加桥工的劳动人民，胼手胝足，倾沥血汗，虽然《桥记》不载其名，但其功德巍巍，与桥并存，这是任何人都不能抹煞的。

洛阳桥告成后，举国传闻，《八闽通志》载诗二章，其一曰洛阳桥，诗云："一望五里排琨瑶，行人不忧沧海潮。憧憧往来乘仙飙，蔡公作成去还朝，玉虹依旧横青霄。考之溘洧功何辽，千古万古无倾摇。"历代诗人赞美者尤多，如明代徐燉诗："路尽平畴水色空，飞梁遥跨海西东，潮来直涌千寻雪，日落斜横百丈虹。"明代凌登名诗："洛阳之桥天下奇，飞虹千丈横江垂……约束涛浪鞭蛟螭，雄镇东南数千里。"录此以见一斑。

更动人的是将造桥故事搬上舞台。我在幼年时曾看过一出京剧，就叫《洛阳桥》，是个"灯彩戏"，演出三百六十行中各行艺人，手持各种彩灯，象形工具，手舞足蹈，兴高采烈地过桥景象；并在唱词中道出他本行业因桥受益的感激心情。我当时也为这桥的故事所感动。后来事隔多年，在这桥上读到清代方鼎所作的一篇碑文《重修宋蔡忠惠公祠记》，文中有云"余少于氍毹中见里开演蔡端明洛阳桥事，岁必数四"，碑记写于乾隆二十八年（公元1763年），才知道舞台上演出这类戏，由来已久。以桥为名的剧曲，原本很多，但像这样专演造桥故事的，却极罕见。

洛阳桥的最大影响，仍然在桥工方面。各地闻风兴起，看到这样困难的巨大桥工，居然胜利完成，不但增长了知识，而且也壮大了胆量，于是在泉州首先掀起了"造桥热"。仅在南宋绍兴年间（公元1131—1162年），便有十座石桥的兴建，其中有的比洛阳桥还要雄伟，如晋江安海镇的跨越海湾的安平桥，长达五里，致有"天下无桥长此桥"之誉。《闽部疏》中

桥梁史话

有云"闽中桥梁甲天下"，推崇洛阳、安平两桥，为全省桥梁增光。

一座桥建成后，不但要胜任过桥运输，还要能抵抗天灾人祸，洛阳桥在这方面是经受了考验的。据统计，关于地震，自公元1290年至1722年的432年中，成灾52次，平均八年一次，桥被损一次；关于飓风，自公元1343年至1752年的409年中，成灾21次，平均19年一次，桥被损一次；关于水患，自公元1066年至1760年的694年中，成灾57次，平均12年一次，桥被损坏三次。受天灾的损坏，平均约100年一次，而在公元1596年至1722年的126年中，损坏达六七次之多。这些数字，当然还不完全，但已可看出灾害的严重了。此外还有战祸，如《读史方舆纪要》载"明嘉靖三十七年（公元1558年）官兵败倭于此"，"昔延平王郑成功，曾据此桥，大战清兵"。《闽部疏》云，"洛阳桥……近南岸一山，皆大石，倭乱时，城其上而楼之，扃钥甚固，倭不能过洛阳之南"。

根据《泉州府志》及历代修桥碑文记载，洛阳桥修建至今，历时900多年，先后修理和重建达17次之多，其修理时间相隔最长的约170余年，平均约50年修一次。其中较大的有：宋代绍兴八年（公元1138年），因飓风侵袭，遭受毁坏，作了首次修理，但距建桥时间已80年；明代永乐六年（公元

1408年），因地震、飓风和水患，大修；宣德初年（公元1426年），桥址下陷，潮至漫桥，将桥墩增高三尺；景泰四年（公元1453年），"桥梁断其三间"，为之修复；隆庆元年（公元1567年）石基损坏数处，重修，仍严厉禁止取蛎；万历三十五年（公元1607年），地大震，桥梁圮，址复低陷，进行大修；清代康熙二十年（公元1681年）重修；雍正八年（公元1730年）因历经多次飓风、地震和水灾而桥崩，至此修复；乾隆二十六年（公元1761年）重修；道光二十三年（公元1843年），桥倾欹大修；咸丰十年（公元1860年），因洪流冲击，桥墩有倾圮之虞，修理一次。此后未见大修，桥身日见损害，到了公元1932年，已经破坏不堪，几乎不能行车，由当时驻在闽南的"第十九路军"，将桥大加修理，恢复原来桥墩，在上面添筑矮墩，提高路面，在矮墩上建筑钢筋混凝土横梁和桥面，原来墩上石梁仍予保留，于是全桥改观，可通大型汽车。抗日战争时，又遭日本侵略军破坏，1946年用军用钢梁，架设两孔，暂维交通。解放战争时，国民党反动派大加破坏，桥身被炸毁数段，桥上文物损坏十之八九，幸桥墩无恙。洛阳桥经受了几百年的灾难，依然屹立，足见创始工程的伟绩。

新中国成立后，洛阳桥历经修整，面目一新，现在实况如下：从北岸惠安县境起，有石垒桥堤一段，桥由堤接出，经过一个小岛，名中洲，继续南展，达于南岸晋江。桥长834米，砌出水面的船形桥墩46座，墩上桥梁、桥面和桥栏，全部用钢筋混凝土筑成，桥面宽7米，桥栏高1.05米。桥上附属文物及建筑如下：① 亭两座，一为中亭，另一为"西川甘雨"亭，均在"中洲"上，中亭内有修桥碑石12座及摩崖两方；西川甘雨亭原为祈雨之地，内有"天下第一桥"横额。② 佛塔五座，全为石构，计有四种形式，均筑于桥旁扶栏外。③ 石刻武士像四尊，分别立于桥的南北两端，均戴盔披甲，手持长剑。④ 纪念建筑物三所，一为蔡忠惠公祠，在桥南街尾，曾奉祀蔡襄，重修多次，内有蔡书《万安桥记》碑一座，另明、清碑计八座，又有明代蔡锡石像；二为昭惠庙，在桥北街旁，内有"永镇万安"匾额，所奉祀者可能为"镇海之神"；三为真身庵，在桥北洛阳街靠海处，为了纪念造桥和尚义波而修建的，此地原系他所住的茅舍。⑤ 有关洛阳桥修建的碑记26座，分布在桥中亭周围及桥南蔡襄祠和桥北昭惠庙等地。一座桥的兴建及修理的石刻碑文，有26座之多的，恐怕在国内桥梁中为仅见。这不但说明这桥的兴建艰难，修理繁复，更重要的是这桥与人民生活，该有多么密切的关系。

宝带桥

长江以南地区，河流纵横，自古就发展了的水上运输，为经济繁荣的一大因素。为了便利陆路交通，桥梁当然也随之增多。东南水乡桥梁之盛，远远超过其他地区，特别在人口密集的都市，更是如此。如江苏苏州，载于图籍的桥梁，计有359座之多，其中最宏伟的即是宝带桥，全长317米，建于公元816—819年。

宝带桥在苏州市南，距葑门六里，与运河平行，位于运河与澹台湖之间的玳玳河上，玳玳河通连运河，经吴淞江入海。这桥为苏州至杭、嘉、湖陆路所必经，因跨诸湖之口，又是航路通往运河及吴淞江的一个关口，行旅繁忙，交通上极为重要。

据《苏州府志》："去郡东南十五里，有宝带桥，唐刺史王仲舒捐宝带助费创建（约公元806年），故名。……宋绍定五年（公元1232年）……重建。……明正统间（公元1436—1449年）……重修。……清康熙九年（公元1670年）大水冲圮，十二年（公元1673年）重修。咸丰十年（公元1860年）又毁，同治十一年（公元1872年）工程局重建，北堍建有碑亭。"

江苏苏州宝带桥

又据明代陈循《修宝带桥记》："苏州府城之南半舍，古运河之西，有桥曰宝带。运河自汉武帝时开，以通闽越贡赋，首尾亘震泽东堧百余里，风涛冲激，不利舟楫，唐刺史王仲舒始作塘堤，障于河之西岸，今东南之要道是也。然河之支流，断堤而入吴淞江，以入

于海，堤不可遏，此桥所为建，仲舒鬻所束宝带以助工费，因名。元末修葺之功不继，桥遂坍毁，有司架木以济，至今百有余岁……正统十年（公元1445年）秋，为桥长一千二百二十五尺，洞孔下可通舟楫者五十三，而高其中之三，以通巨舰，冬十一月落成。"

　　为了保障运河不受太湖风涛的冲击，在西岸筑了塘堤，留一缺口，以通支流，又在支流上造桥，以利交通。所造成的桥，维持了400年，到了南宋末期才重建，也可见这桥的创建质量是很高的。重建后100年，由于维修不继，桥又倒坍，用"木架"便桥，又维持了100多年，方建成53孔的石拱桥，其中有三孔特高，"以通巨舰"。这在当时可说是十分巨大的工程。桥成后再过200年，又为"大水冲圮"，三年内修复。再过200年又毁，12年后重建。这时（公元1872年）建成的桥，大概一直遗留到今天，又是100年了。

　　在清康熙十二年（公元1673年）重修后，至咸丰十年（公元1860年）又毁三次，桥的形式想仍是够雄伟的。英国人马戛尔尼在所著《乾隆英使觐见记》一书的1793年11月7日从镇江往杭州的运河道上日记中云："七日礼拜四晨间抵常州府，过一建筑极坚固之三孔桥，其中一孔甚高，吾船直过其下，无需下桅。……已而又过三小湖，乃互相毗连者，其旁有一长桥，环洞之多，几及一百，奇观也。"其同伴摆劳氏《中国旅行记》中有云："此种世间不可多见之长桥，惜于夜间过之……后有一瑞士仆人，偶至舱面，见此不可思议之建筑物，即凝神数其环洞之数，后以数之再三，不能数清……"他们见了宝带桥的惊叹之情，有如13世纪意大利人马可·波罗，见了北京南边的卢沟桥一样。

今天所见的宝带桥，系石拱形式，有桥洞53孔，其中三孔特高，很像明正统十年（公元1445年）修建的那座桥。那座桥的前身是木架便桥，便桥前身便是经历了500年的最初创建的桥。那座创建的桥，是否也是53孔并有三孔特高呢？这当然有待于考证。木架便桥以前的500年中，400年是唐代的桥，100年是宋代的桥；宋代的拱桥现存者尚无中间突起的例子，然而那是石拱，则无疑义。元代一位僧人名善住，在过此桥时，曾有一诗："借得他山石，还将石作梁。真从堤上去，横跨水中央。白鹭下秋色，苍龙浮夕阳。涛声当夜起，并入榜歌长。"所谓苍龙，指的就是拱。至于唐代，已先有赵州桥（隋代建），将宝带桥修成石拱，很有可能，甚至为了便于行船，对桥洞做出特殊设计，将拱圈抬高，亦非意外。这样说来，宝带桥的现在的形式，可能在唐代就早有规模了。我国古代桥梁具有高度技术造诣，有待考察研究者甚多，此为一例。

现存的宝带桥，全长约317米，为连拱石桥。所谓连拱，即是各拱在拱脚相连，全桥成一整体。石拱共53孔，每孔跨径（拱脚至拱脚的水平距离），除第十四至第十六中间三孔（由北端数起）外，平均为4.60米。第十四孔与第十六孔的跨径，各为6.50米，第十五孔跨径最大，为7.45米。第十四至第十六孔的顶点高出其他各拱，从第十三孔起，拱身逐渐隆起，至第十五孔拱顶为最高峰。第十三孔至第十七孔，拱上桥面呈弓形曲线，在第十二至第十三孔及第十七至第十八孔间，桥面各有一段反曲线。桥宽4.1米，桥堍为喇叭形，桥端宽6.1米。上桥下桥两端各有石狮一对，桥端北头约两米处，有石塔一座，高约三米。桥之北端向北约六米处，有碑亭一座，内有张松声的碑记。全桥体态雄伟，外形壮丽，不愧古人所谓"长虹卧波，鳌背连云"。

石拱桥以石拱为骨干，所有桥上载重，均通过石拱而传达至桥墩。石拱隆起为弧形，当然便利桥下行船，但其主要作用在充分发挥石料的强度。弯拱这种形式的建筑"构件"，是我国的一大发明，古文献中所谓"囷""宛""窦""瓮"等等，就都是拱。拱有整体浇成，如钢筋混凝土拱，和分块拼成，如砖拱、石拱及钢拱。石块砌成的拱，是我国较大石桥的最普遍结构，因而砌拱的方式也是多种多样的。大体可分两类，一是将石块砌成一片片的单独拱圈，并将这些片的单拱拼合成为整体拱圈，如赵州桥；一是将石块砌成与桥同宽的一条条的长石，并将这些长条石按弧形砌成整体拱圈，如卢沟桥。宝带桥则两法兼用，将全桥拱圈，用与桥同宽的长条石，将整个拱圈分成若干隔间，在每个隔间内，用块石砌成一片片的弧形短拱，各片合拢，拼成短拱，与长条石一起，拼合成为整体拱圈。宝带桥的拱石，尚有一特点，即每两石块之间，均用榫头及卯眼拼接，因而在受到压力时，可以微微移动，将不平衡之力，自行调整。由于卯榫具有铰接作用，用这种块石砌成的拱，名为"多铰拱"。同时，砌合这些石块时，不用灰浆，成为"干砌"。

拱圈的两端拱脚，砌在两个桥墩上，每个桥墩，支持两个拱圈的拱脚，两拱之间，形成一个三角地带。各拱圈的上面为平坦的路面。在路面与拱圈之间的空腹，须用沙土填满，因而在空腹的两侧，都要砌墙来挡土，这种桥墩上三角形的石墙，名为"肩墙"。因而空腹内的沙土，上有路面，下有拱圈，两旁有肩墙，四面包围，如将沙土填塞很紧，则四面都有压力，可将路面上载重的一部分直接传递至桥墩，来减轻拱圈上的担负。这种沙土的受挤压力，名为"被动压力"。

上述的"多铰拱"及"被动压力"的利用，都是我国劳动人民根据实践经验的创造，成为修建拱桥的优秀传统，为世界各国所罕见者，我国石拱桥的广泛应用，宝带桥是其一例。

有的古桥可用来行驶汽车，但宝带桥因有突起部分，则不便。1933年修筑苏州至嘉兴的公路时，于旧桥西面造了一条木架便桥，名"新宝带桥"。1935年修筑苏州至嘉兴的铁路时，又于旧桥东面建成一座铁路桥。抗日战争中，铁路桥全毁，宝带桥南头，也有六孔被炸，公路桥大部被破坏。新中国成立后，新宝带桥先行修复，旧宝带桥于1956年冬恢复旧观。

宝带桥当然是为了交通而设，然因地处胜境，同时也点缀了湖山，江南好风景，得此益增佳趣。明代王笼诗云："春水桃花色，星桥宝带名，鲸吞山岛动，虹卧五湖平。"又袁裘诗云："分野表三吴，星桥控五湖，济川恒壮业，驱石望雄图。"由此联想到，苏州有很多名桥，风光旖旎，远近传闻，最著者如唐代张继的《枫桥夜泊》诗，很概括地衬托出苏州桥的诗情画意，宝带桥亦在其内。

灞桥

灞桥是我国历史上最古老、久负盛名而又相当宏伟的一座桥，虽然它现在已非原样。它位于陕西省西安市东10公里的灞

陕西西安灞桥

灞桥，位于陕西省西安市城东，跨灞水。始建于秦汉，原为石柱木梁桥，至今已有2000多年历史。两岸皆植杨柳，都人送客折柳赠别，至此黯然，人呼销魂桥。清道光十三年（公元1833年）重修，长134丈，广3丈，水洞67眼。1955年，拆建为钢筋混凝土板梁桥，全长386.24米，宽7米，可行驶重型汽车。桥墩仍利用旧石柱为桥基，并用钢筋混凝土加高，仍保存旧桥风貌。

河上，河宽400米，是西安东去的一个必经通道。而西安又是汉唐故都，因而很早就有了桥，但受河水冲击，屡建屡毁，桥式变化很大，1955年重建，才能稳定下来。算来这个灞桥之名已有2000多年历史了。

灞河又称灞水，为"八水绕长安"的最大一条水，是渭河的一个支流，发源于蓝田县南的秦岭。北魏郦道元著《水经注》"渭水"条中云："霸者水上地名也，古曰滋水矣，秦穆公霸世，更名滋水为霸水，以显霸功。水出蓝田县蓝田谷，所谓多玉者也。西北有铜谷水，次东有辋谷水，二水合而西注。……霸水又左合浐水，历白鹿原东。……霸水又北会两川，又北经王莽九庙南……霸水又北入于渭水。"群流所经达二百余里，皆汇于灞水以入渭。可见这条河的规模是不小的。据陕西省的《蓝田县志》称"灞水，在县境，古滋水也，其水北流，会浐水滈水，北入于渭，其源出县东南秦岭倒回峪，西北流九十里，入万年县里。旧河岸阔六十丈，今河水涨溢，岸颓为谷，其阔盖不啻数十倍矣"。可见这河逐年涨溢，泛滥为灾，河流阔度，自旧河六十丈，扩展到现时的两倍，至于文中所说"数十倍"，想是指洪水泛滥时的情况而言。

由于靠近帝都，往来行旅，日益增多，灞河上的桥，大概来历很古，然而何时初建，尚无文证。陕西省《西安府志》中述渭桥云"秦始皇跨渭作宫（阿房宫），渭水中贯，以象天汉，横桥南渡，以法牵牛"。这座桥，唐杜牧在他的《阿房宫赋》中云"长桥卧波，未云何龙"，称它是"长桥"，想必不小。在那时已能在渭河上建长桥，灞河相隔不远，又是

桥梁史话

交通要道，能否在秦始皇时，也建了一座"长桥"呢？陕西省《咸阳县志》中述西渭桥云："汉名便桥，唐名咸阳桥。盖其地夏秋时以舟渡，秋深则作桥，桥成则舟废；冬春二时水涨，则舟行而桥废，故斯地以渡名，复以桥名。"这肯定了在汉代时渭河上夏秋以舟渡，秋深则作桥，故名此桥为"便桥"。灞河上可能是同一情况。汉代就有便桥，然而从汉代的何时开始呢？《水经注》中对灞水又云"水上有桥，谓之灞桥"。其释文引《汉书·王莽传》云："地皇三年（公元22年）二月霸桥火灾，数千人以水沃救不灭。晨燔夕尽，王莽恶之，下书曰，甲午火桥，乙未立春之日也，予以神明圣祖，黄虞遗统，受命至于地皇四年为十五年正，以三年冬终，绝灭霸驳之桥，欲以兴成新室，统一长存之道。其名霸桥为长存桥。"可见灞河在公元23年冬至节，确实有了木桥，至于夏秋时，是否也和西渭桥一样以舟渡，那就待考了。但《初学记》中有云"汉作灞桥，以石为梁"，又《读史方舆纪要》云"汉灞陵在古长安城东二十里，南北两桥，通新丰、赵店"。灞河的桥址流向是从西北往东南，中有沙洲，故桥分南北。大概在王莽以后的东汉年代，灞桥就从木梁改为石梁了。

　　《西安府志》云"灞桥在府城东二十五里，隋开皇二年（公元582年）造"。所谓造，当然不是修理。汉代石梁，经过三国和南北朝时期的大动荡，一定是毁而复修，修而复毁，不知几多次了。《府志》又说这桥"唐景龙二年（公元708年）仍旧"，就是说，隋代所造的灞桥，到了唐代，经历100多年而依然如故，证明隋代所造的桥应当是一座石桥，这石桥在唐代盛世，想必维修得很好。唐代定都长安，将都城大加修整，《府志》说那时西安是"代为帝都，世称天府，城郭宫室之巨丽，市井风俗之阜繁，允矣秦中之奥区神皋也"，可想对这灞河津梁，也必是加意修饰的。故《府志》说，在桥旁两岸，岸"筑堤五里，栽柳万株，游人肩摩毂击，为长安之壮观"。因此灞桥两堍，至今北有灞桥镇，南有柳巷村，保存着唐代遗风。

《西安府志》灞桥条文内又云"汉时送行者，多至此折柳赠别，取江淹《别赋》句，又呼为销魂桥"。文内"折柳赠别"，取自《三辅黄图》一书，下段呼为销魂桥，来源于江淹《别赋》句，"黯然销魂者唯别而已矣"。但江淹是南朝梁代人（公元444—505年），离汉代数百年，显然将两事混在一起了。《开元遗事》载"灞陵有桥，来迎去送，至此黯然，故人呼为销魂桥"。《西安府志》载有西安"十二景"，其中之一为"霸陵风雪：霸陵桥边多古柳，春风披拂，飞絮如雪，赠别攀条，黯然神往"。因此"灞桥折柳"，汉唐以来，成为离别伤怀的同义语，在历代诗文中，时时见到，灞桥之名，借以传播。唐代大诗人李白的《忆秦娥》词中，就有"年年柳色，灞陵伤别"之句。其他唐人诗句，如岑参的"初行莫星发，且宿灞桥头"，李商隐的"朝来灞水桥边问，未抵青袍送玉珂"，郑谷的"秦楚年年有离别，扬鞭挥袖灞陵桥"，罗邺的"何处离人不堪听，灞陵斜日袅垂杨"。这类诗多不胜书，再录宋代陆游两句"风雪灞桥吟虽苦，杜曲桑麻兴本浓"。再录一段故事：唐代雍陶，送客至"情尽桥"（四川简阳沱江上），问其故，左右曰，送迎之地止此，陶命笔题其柱曰"折柳桥"，并为诗云："从来只有情难尽，何事名为情尽桥，自此改名为折柳，任他离恨一条条。"

唐代以后，这桥时有兴废，宋赵顼（神宗）（公元1048—1085年）时重修，至元代至元三年（公元1337年）大修，明代成化六年（公元1470年）增修，旋以沙土壅塞遂废。清代康熙六年（公元1667年）以桥工难就，复设舟渡，水落则济以木桥。康熙三十九年（公元1700年）又造桥，甫三年即圮。乾隆二十九年（公元1764年）有三郡士民输金，复建石墩木桥，为水洞二十四，旱洞十二，越五年桥复坏，仅存桥墩五座，于是援前例，定冬春搭浮桥，夏秋设舟渡之法，因夏秋山洪暴发，沙逐水流，致河床淤积，河面渐宽，增加了搭桥的困难。

清代道光十三年（公元1833年）陕西省集资重修，鉴于康乾间随修随圮的经验，采用了所谓"石轴柱"桥基的方法，建起石梁木梁结合的石面桥，经历了120多年，屹立水中，仍然坚固，也是一个桥工杰作。此桥结构，具载《灞桥图说》一书中，其大要如下：桥长134丈，分为67孔，各孔间跨径由四米到七米不等，共有石轴柱408根，分六柱为一门，每门底有石碾盘六具，下为木桩，石轴柱上，平砌石梁，横加托木，两排石轴柱间，安放木梁，横铺板枋，其上两边砖墙，中填灰土，然后是石板桥面及石栏杆。

这座灞桥，于1955年改建为新式钢筋混凝土板桥，全长386.2米，计64孔，每孔跨径六米，桥宽七米，两旁人行道各宽1.5米，桥上可行驶重型汽车。所有桥墩，仍利用原有石轴柱重建，用钢筋混凝土柱加高。

在桥下游170米处为铁路桥，彼此平行，长441米，由16孔25米跨度的钢梁构成，完工于1934年，恰在旧灞桥大修的百年以后。

新灞桥是建筑在旧灞桥的基础上的，尽管面目全非，却是渊源一脉，经过200年的几度沧桑，旧桥并未无声消逝，而是获得新生，更形宏伟，再次证明社会主义制度的无比优越性。

　　附注：本文写就，承陈其英老友详加校阅，指出漏误，并出示珍藏史料，因而得以修正补充，书此志谢。

中国古桥技术史话

　　我国古代桥梁，具有悠久历史和卓越成就。几千年来，历代人民通过辛勤劳动和反复实验，并且勤于改进，勇于创新，于是在长河急流、风涛鼓荡之间，架起了一座座坚固美观的长桥，飞跨两岸，畅通无阻。当近代铁路、公路交通还未出现以前，作为历史产物的古代桥梁，在各个不同的历史时期，基本上是随着社会经济的发展而发展，成功地完成了历史所赋予它的使命的。

　　建筑依赖于生产力水平，建筑的发展，是科学技术进步的具体表现。桥梁是一种既普遍而又特殊的建筑物。普遍，因为它是过河跨谷所必需，而河流峡谷则是遍布大地，随处可遇的。特殊，因为它是空中的道路，道路而处在空中，它的结构就复杂了。由于复杂，就需要适当的材料、特殊的结构、合乎科学和艺术的设计，再进行施工，才能建成，才能保持永久。这些条件，在科学昌明的今天，国家设有专科育才的制度，又有新品种的建筑材料，各种功能的大型机具和先进技术的情报交流，当然是得心应手，功效迥异。但在古代则条件大不相同。每一成果的取得，都经历了漫长岁月和付出了百倍于今的努力。

我国古代的桥工匠师，也和世界上其他民族一样，创建了形式多样的桥梁。虽然创建年代互有先后，但其基本形式则大致相同，足以说明桥梁建筑的规律性和科学性以及事物发展的必然结果。在中世纪，西方旅游家，曾赞誉我国为多桥的古国。他们以亲身的经历，翔实的文字，叙述了在我国所见到的长桥结构，往往是在其他国土上所罕见的。由此影响所及，引起了世界工程界的重视，在世界上享有盛名。这无疑是我国历代劳动人民对人类文明做出的巨大贡献，也是我国古代灿烂文化的一个组成部分。这一历程，即在现代化的今天，仍在继续前进，虽然时代不同，功效迥异，事物进化，原是永无止境的。

国外学者，对我国古代桥梁的研究，已有一些专著，国内工程界在新中国成立前后也开始了一些研究。用今天的科学水平，探讨过去的技术成就，鉴古知今，古为今用，是有极其深远的意义的。

古代桥梁的起源

　　早在远古时代，自然界便有不少天生的桥梁形式。如浙江天台山石梁，跨长六米，径厚约三米，横跨飞瀑之上，梁上可通行人，是天台山风景之一。至于天然侵蚀成的石拱，也有很多，如广西桂林的象鼻峰和江西贵溪的仙人桥。《徐霞客游记》记江西宜黄狮子岩石巩（即拱）寺："寺北有矗崖立溪上……是峰东西横跨，若飞梁天半，较贵溪石桥，轩大三倍。"树木横架便成木梁桥，藤萝跨悬，是为悬索桥。人类从自然界天生的桥梁得到启发，在生活的过程中，不断仿效自然，以解决交通的问题。

　　我们的祖先，由原始游牧而进入定点聚居。随着生活、生产资料的日臻繁盛，逐渐完整地创建了宫室坛台，城郭道路，车舆舟楫，早期的建筑群，便成为部落聚居经营的特征。桥梁，这个闪耀着劳动人民创造智慧的产物，也初具规模，并且日益成为人民日常的政治、经济、生活中不可缺少的重要建筑物。

　　《文物》1976年8月载，《河姆渡发现原始社会重要遗址》。考古学家认为距今6000~7000年，在文化发达较晚的杭州湾以南的宁绍平原，已有了带有卯榫的木梁柱建筑构件，并发掘出一些小件饰物。其中有一个骨匕的木鞘，厚度均匀，上下平直，弧度一致，外壁两头缠着藤篾类的圈箍多道。由此，可知在新石器晚期，劳动人民智力发达，已经逐步成熟，对木、竹、藤等材料性能，已具备了多种组合利用的工艺。据此，则木梁木柱桥的物质条件早已具备了。

1954年，我国在陕西西安半坡村发现了新石器时代的氏族聚落，位于浐河东岸台地上，已发现密集的圆形住房四五十座，中间最大的建筑面积约100平方米。在部落周围，挖有深、宽各5~6米的大围沟，这条沟当年可能有水，估计是为了防御封豕长蛇和异族侵略的设施。其出入之际，势必有桥，时约在公元前4000年左右。

史前和之后的原始桥梁，由于当时的材料、工艺等种种原因，不可能在风雨侵蚀、洪波荡突的漫长岁月中长久保存下来。但每一事物，总是新陈代谢，踵事增华，后者继承又发展前者，不断地由低级演进为高级，由简单而日臻完善。

桥梁字义释证

关于早期桥梁的情况，我们先从文字的释名进行考证。

桥、梁两字，在古代是异名同义的两个单词。汉许慎《说文解字》（下略为《说文》）做这样的解释："梁，水桥也，从木水，刃声。"又"桥，水梁也，从木，乔声"。互为通释，未说明其字义。清段玉裁《段氏说文解字注》（下略为《段注》）予以较详细的解释，意义便较清晰。其梁字注为："梁之字，用木跨水，则今之桥也。《孟子》'十一月舆梁成'，《国语》引《夏令》'九月除道，十月成梁'。《诗·大雅》'造舟为梁'，皆今之桥制，见于经传者，言梁不言桥也。若《尔雅》'堤，谓之梁'。《毛诗》'石绝水曰梁'，谓所以偃塞取鱼者，亦取瓦（即横）于水之义，谓之梁，凡《毛诗》自'造舟为梁'外，多言鱼梁。"

《礼·王制》："鱼梁，水堰也，堰水为关空，承之以笱以捕鱼，梁之曲者曰罶。"

对于桥的注释是："水梁，水中之梁也。梁者，宫室所以关举南北者也。然其字本从水，则桥梁其本义而栋梁其假借也。凡独木者曰杠，骈木者曰桥。大而为陂陀者曰桥。古者挈皋（即桔槔，井上汲水的横木架）曰井桥。《曲礼》：'奉席如桥衡'，读若居颐反，取高举之义也。"

此外，还有同义的专门名词。如《尔雅·释宫》："石杠谓之徛。"《说文》释"徛"称"举胫有渡也"。《段注》为："聚石水中以为步渡彴也。"且又于"椎"字条说明步渡彴是："然则石杠者谓两头聚石，以木横架之，可行，非石桥也。"又如《广志》："独木之桥曰椫，亦曰彴。"《说文》释"椫"是"水上横木，所以渡者"。然则"徛""彴""杠""椫"指的都是木梁桥，或精确地说，是独木桥。《广韵》《集韵》《韵会》注"矼"字：古双切，音江，"聚石为步渡水也，通作杠"。那就是今天所谓踏步桥或汀步桥，是不加木梁的较密排列的一个个跳墩子。

又楚人称桥为圯。这些不同的名词，近代已不再沿用了。

根据段氏之说，可以知道：

1. "桥"和"梁"是同义异名。"梁"这一专用名词，在文字应用上略先于"桥"。虽然，桥字出现也不晚。最近实物如1976年出土秦安陆令吏喜（公元前262—前217年）墓竹简上有"千（阡）佰（陌）津桥"字样。

2. "梁"和"桥"都从木，最早的桥梁应是木制的。梁字的古文有写作"𣲷"（漆）的。《段注》："水阔者，必木与木相接，一其际也"。按照字形，二木之间有一横，似即指水阔而用水中墩的多孔木梁桥。

3. 按《尔雅》和《毛传》的注，梁的字义，不仅专指架木跨水的桥，还包括筑土或砌石绝阻断水所成横在水中的隄（通堤），即所谓堤梁。这和今称山梁或鼻梁含义相同。堤梁，从今日桥梁的含义来判别，不能称之为桥，那是土或石堤上兼可以走人而已。

4."桥"和"梁"二字虽是异名同义，但桥字又特有其含义。徐锴《说文解字系传通释》注桥："乔，高而曲也，桥之为言趫也、矫然也。"联系上文，"大而陂陀者曰桥"，则桥字又形象地显示有坡度而中高的形状，与梁字仅训为跨水或绝水者有所不同。

桥梁最早记载

史前桥梁，无可查证。但我国有悠久的文字记载，从典籍中发现的桥梁，比较早的如：

《史记·殷本纪》记帝纣："厚赋税以实鹿莹之钱，而盈矩桥之粟。"

《史记·周本纪》在武王伐纣既革殷命（公元前1122年）之后说："命南宫括散鹿莹之财，发矩桥之粟，以赈贫弱萌隶。"

关于矩桥，东汉许慎注以为是："矩鹿水之大桥也，有渭粟也。"虽然有别种注法，如邹诞生云："矩，大；桥，器名也。"可是《水经注》漳水条："衡漳水北经巨桥，邸阁西，旧有大梁（桥梁之梁非堤梁之梁）横水，故有巨桥之称。武王伐纣发巨桥之粟以赈殷之饥民。"可见郦道元亦认为这是当年漳水上的大桥。因此在商、周之间公元前12世纪已不乏有名的桥梁。至于其桥式，因漳水是较阔的河流，推测为多孔的木梁桥。地点在今河北省曲周县东北。

考之《禹贡》，逾河、逾洛、津梁无定所。周有盟津，春秋有茅津、棘津、宋桑之津，津之有名，始见于记载。津，即渡口。由无定所的津渡，演进到固定的码头，是一个进步。黄河、洛水都是大河，其所谓津梁，乃是今日的渡口或浮桥。

《诗·大明》："亲迎于渭，造舟为梁。"朱注："造作梁桥也。作船于水，比之而加板于其上以通行者也，即今之浮桥也……造舟为梁，文王所制。"时在公元前12世纪，是浮桥最早的记载。

《左传》记鲁昭公元年（公元前541年）："秦公子鍼出奔晋……造舟于河。"公子鍼在秦国无法安身，随从资财，"其车千乘"，靠舟渡要用很长时间，于是搭起浮桥，使车辆连贯通过。这两座桥虽然都是属于临时一次搭用的浮桥，但由此可说明纪元前500多年，人们已掌握了在长河大川中架设浮桥的技能。

《史记·秦本纪》记昭襄王五十年（公元前257年）"初作河桥"。张守节注："此桥在同州临晋县东，渡河至蒲州，今蒲津桥也。"桥址即今山西省永济西，接陕西省朝邑县东境。"初"作浮桥，乃是指第一次在黄河上修建起固定式的浮桥。

拱式结构的出现，是人类的一大发明。从原始天然的侵蚀型石拱，到有意识地砌筑拱券，其间有很长的发展过程。根据历年发掘墓葬的调查，西汉末期（公元前1世纪—2世纪）出现了多边形砖拱和圆形筒拱结构。如《考古》1973年第2期载麻弥

四川夹江竹浮桥

山西景德桥

景德桥，又名沁阳桥，位于山西晋城西关（旧称景德镇），跨百沙河，当地人称西关大桥。建于金大定二十九年（公元1189年），历三年告成，是山西省现存年代最久的敞肩石拱桥。桥长33米，宽5.9米，跨径21米，矢高4.9米，矢跨比1/4.3。拱券由15道纵肋并列砌筑而成，拱券中央雕有吸水兽，桥侧有龙头雕像各二，主拱两侧外露部分均有花饰雕琢，石未风化。

图庙1号墓，墓室内为砖券顶，年代为汉武帝元朔二年（公元前127年），然则拱的创始，必然更早。在我国古代建筑技术的术语中，砌拱称之为"发券"或"卷瓮"，这"卷瓮"二字是极有意思的。

《礼记·儒行篇》记有"蓬户瓮牖"，即用破坛子砌在土壁中作窗户。因此，"卷瓮"的方法只要有陶瓮出现，便有其可能。而陶瓮土屋则在公元前五六千年前便有了，虽然这还不能称为真拱，也并不是桥。

有明确记载的石拱桥，见《水经注》谷水条记旅人桥："是数桥，皆垒石为之……朱超然与兄书云，桥去洛阳宫六七里，悉用大石，下圆以通水，可以受大舫过也，题其上云，太康三年（公元282年）十一月初就功，日用七万五千人。"目前还没有查到比这更早的文字记录。

索桥是桥梁的基本形式之一，我国最早使用的都是竹索桥。

《四川名胜记》引西汉杨雄《蜀记》称四川成都的七星桥为："桥上应七星，秦李冰所造（公元前256—前251年）。按七星桥者，一长星桥，今名万里；二贞星桥，今曰安平；三玑星桥，今名建昌；四夷星桥，今名笮桥；五尾星桥，今名升仙……"

竹索，古写作"笮"，亦通"笮"。唐李吉甫所写《元和郡县志》（以下略称元和志）称：昆明，"本汉定笮。凡言笮者，夷人于大江水上置藤（或竹索）桥，谓之笮"。又记四川成都内外江："大江一名汶江，一名流江，经县（成都）南七里，蜀守李冰穿二江，成都中皆可行舟，溉田万顷。蜀中又谓流江为悬他笮桥水。"

竹索桥发源于西南，在秦通蜀之前，这样的桥梁早就存

四川芦山寿相桥

寿相桥，位于四川省芦山，跨鱼戏河，铁索桥。建于清光绪三年（公元1877年），桥跨70余米，铁索上布木板，两侧用绳网护栏，桥头建有三层檐亭。

在，公元前3世纪，只是最早的记载。

以上所述是桥梁中几种主要结构形式：梁、舟、拱、索的最早记载。早期桥梁的出现，将是以后长达二三千年左右时期中桥梁发展的先驱。

至于《拾遗记》记"尧命禹疏川奠岳，济巨海，鼋鼍以为桥梁"。《集仙录》说："（周）穆王命八骏吉日甲子、鼋鼍以为梁，以济溺水而宾王母。"《述异记》有"秦始皇作石桥于海上，欲过观海日出外……"《风俗记》传说"织女七夕当渡银河，使鹊为桥"。这些都只是神话，但也反映出人民的意愿和丰富的想象力。

古代桥梁的几个发展阶段

我国是一个受封建统治时间最长久的国家。据科学技术史工作者研究认为，从战国到秦汉，我国古代科学技术的发展，已经形成具有自己特色的规模，到宋元时期，更达到一个高峰，在世界上有很多方面曾占有领先地位。在这期间，中国不断汲取其他国家的先进成果，也把自己的成果东向传入日本，西经阿拉伯辗转传入欧洲。我国桥梁技术的发展和流传，情况也大致如此。

我国幅员辽阔，山河壮丽。江河流域面积在1000平方公里以上的水系，达1500多条。秦岭－淮河以南，水流密如结网，加之人烟稠密，交通频繁，道路必须依赖桥梁为联系手段。因而桥梁随着道路的发展而发展。当近代铁路、公路还未出现，桥梁建筑还未成为近代科学的专门工艺以前，我国古代劳动人民也和世界其他民族一样，以坚忍不拔的毅力，勇敢智慧的创新，反复实践，摸索出一套符合事物发展规律的造桥技术，创造出形式多样的跨空长桥，标志着中华民族文化的特征。在今天硕果仅存的若干古桥，经历了千百年天灾人祸的长期考验，仍然继续发挥其应有功用。它们绝不是孤立幸存的个体，而是千百万座古代桥梁通过科学实践逐步发展成长的代表之作。因此，它们是一份极珍贵的遗产，是我们今天古为今用的研究对象。古代桥梁发展的分期，大致可试分为四个阶段。

西周春秋时期

第一阶段，以西周春秋时代为主，包括西周以前有历史记载的时代。这是古代桥梁的创始时期。

原始公社生产力非常落后，随着生产资料私有制的逐渐形成而进入有阶级的奴隶社会，生产力逐渐提高。西周公私田的制度，出现了封建土地所有制萌芽，促进了农业生产。又取山泽林薮之利，手工业和商业也活跃起来。这时期虽然已有了若干著名的桥梁，但一般情况下还做不到遇水架桥的程度，桥梁的建造尚不普遍。《诗经》上有很多涉水的描写，如《诗·郑风》有"溱与洧方涣涣兮"。朱注是"冰解而水散之时也"。于是便有"子惠思我，褰裳涉溱"，"子惠思我，褰裳涉洧"等诗句。

对于稍深一些的河流，《诗·谷风》称："就其深矣，方（竹或木筏）之舟之；就其浅矣，泳之游之。"至于长江大河，如汉水、长江，则《诗·周南》："汉之广矣，不可泳思；江之永矣，不可方思。"

《孟子·离娄》："子产听郑国之政，以其乘舆济人于溱洧。孟子曰：惠而不知为政，岁十一月徒杠成，十二月舆梁成，民未病涉也……焉得人人而济之。故为政者每人而悦之，日亦不足矣。"所谓舆梁，宋·孙奭《孟子音义并疏》说："舆梁者，盖桥上横架之板，若车舆者。"或有解作通车舆的桥梁。子产未能在溱洧上造桥，是不知为政呢，还是力有所不及？

《国语》有为政不力、失职的记载："周定王使单襄公聘于宋，遂假道于陈，以聘于楚。……道茀（音弗，路上长草）

不可行也。侯不在疆，司空不视途，泽不陂，川不梁。……故先王之教曰：'雨毕而除道，水涸而成梁。'"所谓"司空以时平易道路"，就是利用农闲季节，也恰好是枯水时期，召集民工，修筑道路桥梁，使人民免去褰裳涉水之苦。

春秋时期的桥梁记载，甚多语焉不详，且加上"梁"有木梁和堤梁的不同含义，使很多单独称梁的记载分不清是何种结构。可以分析的如《诗·谷风》和《诗·小弁》有"毋逝（去）我梁，毋发我笱"，因为梁和笱同说，可见为捕鱼的石堤。而《诗·曹风》记"维鹈在梁，不濡其翼"，捉鱼鸟在梁，便可能是堤梁。《诗·卫风》"在彼淇梁"注"石绝水为梁"，那便是淇水上用石堆砌的堤梁。《春秋》鲁襄公十六年（公元前557年）："会于溴梁。"《尔雅》："梁莫大于溴梁。"注："溴水名梁堤也。"然则以土石为堤，障绝水者名梁，虽所在皆有，而无大于溴水之旁者。但是连筑堤也算在内的桥梁，建筑是比较简陋的。这一时期，正是逐步地摆脱渡河"深则厉，浅则揭"的原始状态，进而创作永久性的桥梁，是桥梁的筚路蓝缕的阶段。

秦汉时期

第二阶段，以秦汉为主，包括战国及三国，为古代桥梁的创建发展时期。秦在统一中国后，虽然国祚短促，但为以汉族文化为中心的统一事业，做出了巨大贡献。汉承秦制，进一步巩固了中央集权的封建政体。东汉是我国建筑史上的一个灿烂发展时期，发明了人造建筑材料，创造了砖结构体系及以石料为主体的石结构，而演进为新的拱券结构。在建筑艺术造型方面，又融合了佛教东渐的宗教色彩。秦汉两代，大兴土木，阿房未央，巍峨壮丽，大大开拓了建筑群的总体设计规模和个体建筑的高大形象。这时修建在都城的渭桥、灞桥，不仅长大宽广，而且饰以勾栏，植柳成荫，实用功能与艺术美化，交融而结成一体。

春秋末战国初期，我国的冶炼技术有所发展，出现了铁器。铁的出现，大大推进了建筑方面对石料的多方面的利用，为大量的石桥建造，提供了物质条件。首先在原来木柱梁桥的基础上，增添了石柱、石梁、石桥面等新构件。而石料用于桥梁建筑的重大意义，则在于由此而石拱桥应运而生，在实用、经济、美观各方面都起着划时代作用。石拱石梁的大量发展，不仅减少了维修费用，延长了桥梁使用寿命，还提高了结构理论施工技术的科学水平。晋太康三年的七里涧旅人桥，并不是一个突然的出现，而是石拱建造技术已经相当成熟的作品之一。汉画像砖"裸拱"，无拱上建筑的裸露拱券的出土，证明汉代已有石拱。秦始皇大修天下驰道，规模宏伟，筑路当然必须同时修桥，才能四通八达。《述征记》："始皇东巡，弗行旧道，过荷水，率百官以下人提石以填之，俄而梁成。"这是说由于"弗行旧道"，所以临时提石成梁。传说又有始皇在海中立柱建桥的故事，海上架桥，在当时的条件下，是不可能的，但足以说明在有可能的条件下，是有遇水架桥的愿望和相应措施的。

实际上，战国时期已大规模造桥。除前述李冰七桥外，《史记·滑稽列传》记战国魏人西门豹为邺城令（今河北临漳县）："发民凿十二渠……十二渠经绝驰道。"汉赵充国治军屯田，建桥72座，都说明当时修建桥梁已十分普遍。

《汉书·薛广德传》广德谏阻文帝御楼船，称"乘船危，就桥安"，则在当时人们的生活经验中，已确认从桥上通过，不仅便利，并且安全。由此，也可说明当时的造桥技术，已给人以安全可靠的信心。在这一时期里，汹涌宽阔的黄河上，架起了第一座蒲津渡浮桥；在四川产竹之乡，出现了竹索筸桥。标志着公元纪元初期，梁、拱、吊桥梁的三大基本体系，已在我国形成。

唐宋时期

第三阶段，以唐宋为主，包括两晋、南北朝、五代，为古代桥梁发展的全盛时期。隋唐国力，较之秦汉更为强大，原因是自东汉以降，逐步对江南开发经营，在经济上有了极大的发展。隋代结束了南北分割、兵祸频仍的混乱局面，唐宋两代取得了较长时间的安定统一，民营工商业发达，运河驿路畅通，航海技术进步。自东晋至南宋，大量汉族南迁，经济发达远远超过了黄河流域。隋唐在当时称为文明发达的强盛大国；指南针、活字印刷术和火药武器都发明于宋代，对世界产生了巨大的影响。建筑、造船、天文、水利等方面，也都取得了重大成就。在著名的古建筑中，隋匠李春首创的敞肩拱赵州石桥，北宋牢城废卒发明的叠梁结构虹桥，北宋蔡襄主持建成的筏形基础、植蛎胶固的泉州万安桥，潮州海阳县的石梁结合浮桥开关活动式的广济桥，在世界桥梁史上享有盛誉。在这段时期里，石桥墩砌筑工艺不断改进，日臻完善，为兴建长大桥梁铺平道路。从此石桥飞跃发展，数量上、质量上，都达到历史的高峰。北宋木工喻皓，写成《木经》三卷，李诫编写的《营造法式》，内容包括土木工程技术、建筑设计规范和估

河南临颖小商桥

　　小商桥，位于河南省临颖与郾城交界处，跨颍水，敞肩石拱桥。建于隋开皇年间（公元584年）。据当地老人言，石拱腹部有隋大业石刻字样。据县志载，隋开皇四年建，元大德重修，清康熙十四年曾捐募修。桥全长21米，宽6.5米。主拱、小拱均为20道拱石并列砌筑而成；拱券两侧均雕有龙马、花草、几何图形，生动精美；桥基四角，作四男士负重状。小商桥为宋朝抗金名将杨再兴战死处。今桥东有杨再兴墓，原有杨祠"文革"中被毁，杨再兴小塑像为当地老人保存收藏。

山东益都万年桥

益都万年桥，旧名南阳桥，俗称北大桥，位于山东省益都县北门外，跨阳水，七孔石拱桥，宋明道中（公元1032—1033年）夏英公竦守青州，牢城废卒有智思，叠巨石固岸，取大木数十相贯，架为飞梁无柱，历50余年不坏。明万历二十二年（公元1594年）重建，名万年桥，后改建为七孔石拱桥。全桥全以巨石砌成，长65.3米，宽8米。桥墩迎水面雕有镇水兽，白石栏杆，栏板浮雕人物故事，柱端刻有宝瓶及狮子，形态各异。

浙江绍兴八字桥

工算价的规定，总结了古代劳动人民长期积累的丰富经验。这几部书虽然不属于桥梁建筑的专著，但由此可以察知工程技术上的一般法则，仍不失为最早的珍贵技术文献。

元明清时期

第四阶段，元、明、清三代，对古桥的建造及修缮，由于驿路和漕运的发展，都各有过贡献。首先是对金代明昌三年（公元1192年）建造的永定河上的卢沟桥，根据《马可·波罗游记》记载，在元代更加修整一新。这个游记中还说到中国各地的桥梁既多且美，举出杭州、泉州等地为例，足见元代的桥梁是受了宋代桥梁很大的影响。明代桥梁不似宋、元繁

湖北咸宁汀泗桥

汀泗桥，本名丁四桥，位于湖北省咸宁汀泗桥镇，跨汀泗河，三孔石拱桥。1926年革命军叶挺独立团一举攻克汀泗桥，乘胜攻下咸宁及贺胜桥而有名于世。据县志载，道光间大水，船舶桥下见巨石，大书丁未淳祐七年（公元1247年）建立；又旁一石，刻"大明嘉靖丁未（公元1547年）重修，本届住持募化僧缘善"等字。相传昔有丁四业履于此，自给外，集以修桥。1954年大水，屹立无损。

盛，然亦有江西南城万年桥、贵州盘江桥等艰巨的工程。清代桥梁事业很多有别于前朝，一是对一些古桥进行了修缮和改造，因而延长了寿命；二是在川滇一带兴建了不少索桥，如泸定桥等，提高了索桥技术；三是大量发展了桥梁技术，特别是

黑龙江宁安大石桥

　　宁安大石桥，位于黑龙江省宁安县城西鸡陵山下，横跨大沟壑上，为清代通向辽、吉要道，黑龙江地区仅有的清代石拱桥。始建于后金天德八年（公元1634年）。原系板筑，后改石砌，为单曲拱大桥。全长25米，宽4.5米。桥面铺石，两侧设石栏杆。上雕刻石桃，栏板刻有草叶纹和云卷纹。新中国成立后曾进行维修。

辽宁永安桥

　　永安桥，位于辽宁省沈阳西郊马三家子乡永安村东，为实腹半圆拱三孔石拱桥。建于清初（公元1641年）。两侧石栏，栏板镂心，抢鼓前后，雕琢石狮夹持，子母相负，富有民族风格。

公私园林中的小桥，其艺术性之高为前代所未有；四是为所造的一些大小桥梁留下了施工说明，有的比较完整，如灞桥、浐桥、文昌桥、万年桥等，从中亦可看出宋代喻皓《木经》及李诫《营造法式》的影响。

　　在清代末期，我国桥梁历史上发生了一次技术革命。公元1881年我国第一条营业铁路从唐山到胥各庄开始通车，从此引

浙江云和梅崇桥

进了新式的、前所未有的铁桥、钢桥、钢筋混凝土桥等各种以新式材料及结构所建成的各式桥梁，及为了造桥制成的各种施工机具。这在我国是铁路桥梁的开始。随着铁路的发展，公路亦开始在湖南出现了。而在大城市中亦需要新式桥，因而也引进了城市桥梁。

　　新式的铁路桥梁和公路桥梁都是从国外引进的。为了分清古代与近代桥梁的史实，本书即以铁路桥梁的出现为断代的标志，即在公元1881年以前建成的桥为古代桥，以后建成者为近代桥，包括铁路、公路及公铁两用桥。

古代桥梁的卓越成就

桥梁的功能，是为了解决跨水或越谷的交通，建成架空道路，来沟通经济动脉。凡是道路上的运输工具及行人都要能在桥上畅通无阻。一方面，它是一定历史背景下的产物，受到一定物质条件的制约；另一方面，它在时代的前进、政治的需要、经济的发展的影响和促进下，不允许它停滞不前。我们对古代桥梁在历史上所取得的成就，可从下列几个方面来探讨。

早期桥梁概况

恩格斯在《自然辩证法》一书中说道："随着自然规律的知识的迅速增加，人对自然界施加反作用的手段也增加了。"他又在《反杜林论》中提出："自由不在于幻想中摆脱自然规律而独立，而在于认识这些规律，从而能够有计划地使自然规律为一定的目的服务。"我国古代桥梁的演进历程，情况正是如此。

远古时代，桥梁以最原始、最简陋的形状，出现于部落聚居的建筑群中。从此，随着社会进化，一系列的新要求就不断地提出，而每前进一步，都必须解决一系列的复杂问题，付出巨大的努力和代价。桥梁又与其他建筑物不同，它要在洪波巨浪里奠基，要在寒风暴雨中操作，要使用大量人力和器材，而一有疏虞便可能前功尽弃。有的甚至随建随坏，长年累月不能竣工。也有新桥刚刚落成，便遭遇洪水巨浸，毁于一旦。而桥梁的毁坏，不仅损及财产，而且丧失人命。因此，桥梁是无时无刻不在经受着严峻考验的。

　　早期的桥，多数只能建筑在地势平坦、河身不宽、水流平缓的地段，技术问题比较容易解决。早期桥的形式，不外聚石培土，或是木梁柱式的小桥。而在水面较宽、水流较急的河道上，则采用另一种方法——造舟为梁，如公元前11世纪，周文王"亲迎于渭，造舟为梁"。但那时候的浮梁，与后世的浮桥有所不同。那是一次使用、时间短暂，不须经受长期风涛鼓荡的考验。可是后世长期性的浮桥，恰正肇始于此。由于长期，于是船只锚定，船与岸的联系，随波上下而发生的长度伸缩，以及河中行船通过等问题，都必须一一妥善解决，显然问题就比较复杂了。浮桥，是最早出现于我国古文献中的一种桥型，也是在黄河上最早出现的第一座长桥。浮桥一直沿用至今，原因有二：一是它在军事上仍有实用价值；二则在经济不够富裕的地区，可暂时借以维持目前交通。另外浮桥还是一种过渡手段，在古代有不少桥梁，是经过浮桥、木桥、石桥三个循序而进的阶段，借以掌握水文资料，为建筑永久式桥梁做好准备。浮桥在历史上有其一定的贡献。

桥梁出现的时代最早的绝水为梁，有的垒石，有的培土。虽然也达到跨河越谷目的，但它还不具备桥梁的本质，因为它不是架空飞跨。但另一方面，也可说这种早期的梁，是道路向桥梁转化的一种过渡形式。通过它，使人们产生了梁和路两种不同的概念。真正的桥，应以跨水行空为标志。而柱、墩，则又为桥梁构造的先决条件。在我国，梁柱式木桥出现最早。在纪元前6世纪，就有了木梁打桩立柱的文字记载，在技术上已有相当基础。由木柱而石柱而石墩，其演进迹象，极为显著。由于木柱不能经久，石柱形式单薄，于是体积重大的墩体就相继而出现。桥梁使用寿命的久暂，关键在于基础是否巩固，基础工程技术是我历代名工巨匠们的攻关重点，下基要深达岩层的观念，久已形成。后汉《阳渠石桥铭》"攒立重石，累高固距"，隋《澧水石桥碑》"龟柱通泉，龙梁接汉"都形象地描述了基础的坚固厚重。《旧唐书·李昭德传》："昭德始累石代柱，锐其前斯杀暴涛，水不能怒，自是无患。"又《宋书·河渠志》留守向拱重修洛阳桥，"甃巨石为脚，高数丈，锐其前以疏水势，石纵缝以铁鼓络之，其制甚固"。甃石为脚，即是桥墩。"桥墩"这个名词，出现较晚，实际石墩的采用，至迟也在晋代以前，《水经注》："……凡是数桥（指睾门、阳渠、旅人等桥）皆垒石为之，亦高壮矣。"可为明证。于此，可见石墩的创建和不断改进以及"分水尖"所起的缓冲护墩的作用，经历了700多年的不断改进。墩的形式，由上大下小，改为垂直，又改为下大上小，这是由于最早想用挑出伸臂加大净跨，最后则吸取长期的经验教训，采用下大上小，加强墩身。同时对于水下工程，由水修法改为干修法，又分别根据河床地质的不同情况，采用木桩基础、抛石基础、睡木基础等，其中洛阳桥的抛石桥址、植蛎固基，解决了海口大河的桥基方案。经过这些长期努力和发明创新，于是长桥巨跨，遍布全国，这一丰硕成果的取得，是来自多方面的因素。

古桥形式与建筑材料

桥梁的几种主要形式，公元纪元前，在我国已经基本具备。它们是：梁桥（包括伸臂式）、拱桥、索（吊）桥。在以唐宋为中心的上下1000年中间，我国古代的能工巧匠，以熟练的技能、巧思的工艺、大胆的创新，驰骋纵横，贡献出天才智慧，在我国桥梁史上，写出光辉的篇章。特别值得提出的是：设计方面的首创敞肩拱和筏形基础，施工方面有打桩、建基及架桥等各种方法，包括起吊200吨重的石梁等种种奇迹般的出现，更受到古今中外的交口称赞。

桥梁的发展，是以生产发展为依据，生产对桥梁提出要求，也为桥梁提供物质条件。古代的建筑材料，不外乎木、石、竹、铁，在有限的材料品种中，不断地了解掌握材料性能，充分利用，善于筹划，用其所长，补其所短。一方面材料性能决定着桥形结构；另一方面，新的结构又向材料提出

上海迎祥桥

桥梁史话

新的要求。这种反复结合，深入研究，便形成了一整套经验方法和维修制度，在桥形上也自然形成一派土生土长的民族风格。当然，也并不排除东西方不同民族技术艺术的交流与融合。

上述三种桥型，在不同时期，不同地区，也存在着发展上的不平衡。

梁桥，在历史上出现最早。这是由于构造比较简单，木材随地皆有，梁柱式木结构使用普遍。但这种木柱木梁结构，很早就出现弱点，不能适应形势发展。取而代之的是石柱木

云南云县大花桥

梁，在秦汉时代，建成多跨长桥，如历史上有名的渭桥、灞桥。长桥建于宽广河道，河床地质情况多变化，这时期，桩基的技术发明了。在文献记载中，出现了铁锤打桩机。石墩的出现，标志着木石组合的桥梁，能够跨越较宽大的河道，能够经受汹涌洪流的冲击。但石墩上的木梁，不耐风雨侵蚀，于是砌筑土石桥面和建起桥屋，保护桥身，延长木梁使用寿命，还方便往来行旅的憩息。这一桥型在西南江南一带，相当普遍，而最早见于黄河流域地区。中小型石梁或石板梁，构造方便，材料耐久，维修省力，是民间喜用的一种桥型。南宋绍兴以后，福建泉州商业发达，海船往来，财力殷富，在万安桥成功地建成巨大石梁的影响下，掀起了长大石桥的兴建高潮，做出了不少施工技术上的突破，成为仅见于福建滨海地区的历史上盛举。

索桥出现的时代也比较早，古籍中记载很多，这一桥型的出现，首先是由于地势使然。在崇山深谷、急流汹涌的险阻地带，既不能架舟横渡，更无法筑墩架桥，而隔水相望的人民，只有采取凌空悬渡的办法，来解决两地的交通。早期处于试验阶段的"度索寻橦"，是竹索笮桥的先驱。竹索笮桥见于秦李冰七星桥之一，则最原始的藤溜索，时代当然更为古远了。东汉李膺、唐独狐及形容这种溜索，有"人悬半空，度彼绝壑"，"顷刻不戒，陨无底壑"。唐僧智猛说："窥不见底，影战魂栗。"可见初过悬索人们心理的紧张。西藏则有人走在管状布置中的藤网桥，自然安全多了。宋范成大

云南永平霁虹桥

　　霁虹桥，位于云南省永平县杉杨乡兰津古渡，跨澜沧江，铁索桥。古以舟渡，两岸高险，横亘大竹索为梁，上布簧，簧上实板，其穿索石孔，相传为三国孔明所凿。明成化中（公元1465—1487年）僧丁然建铁索桥，清顺治间（公元1644—1661年）重修。桥西石崖题曰："西南第一桥"。今桥铁索18根，桥净跨57.3米，两端石岸56.1米，总长113.4米。

描写索桥："桥于半空，大风过之，掀举幡幡然，大略如渔人晒网，梁家晾帛之状，又须舍舆疾走……同行者失色。"但《元和郡县志》："虽从风摇动而牢固有余，夷人驱牛马来去无惧。"说明经常习惯与偶一通过，达于极点。由此而并列诸索，又在桥面布板，两侧设索其感受是大不相同的。竹索桥比起木桥，更不能经久。著名的四川灌县珠浦索桥，就有一套周密的保管维修制度。铁索桥，在文献上散见于汉晋时代；唐吐蕃建有铁桥。至于建制比较详细的记载，多在晚近明清时

西藏墨脱藤网桥

桥梁史话

代。《徐霞客游记》对贵州盘江桥，曾给以高度评价。"望之飘然，践之则屹然不动，日过牛马千百群，皆负重而趋者。"举世闻名的四川泸定铁索桥（公元1073年），与欧洲第一座悬桥英国的云溪（Winch）桥（公元1741年）相比，前者跨长百米，后者仅约22米，且只存在很短时间，未可同日而语。

石拱桥，在我国桥梁史上出现较晚。但拱券结构一经形成，便迅猛发展，成为古桥中最富有生命力的一种桥形。由

吉林北江桥

新疆乌瓦门桥

于对各类地基有丰富的经验，使石拱桥遍布南北西东，无地不宜，即在今天，仍有其继续发展的广阔前景。我国历代桥工巨匠，对于石拱桥的造型设计、构造工艺，投入了极大的精力，敢于标新立异，勇于改革创新，反映于石拱桥的多种多样，以及因地因时的灵活运用。同时因为石料坚实，经久不坏，遂使历史上一些名桥杰构，留存至今，成为古文化的历史见证。唐张嘉贞称赞赵郡石桥："制造奇特，人不知其所以为。"对这座独步千载的创造，确是赞无虚誉。而它更重大的意义，还在于大大鼓舞了历代能工巧匠的雄心壮志。除了上文所述的泉州石桥而外，其他如北京的卢沟桥、江苏的宝带桥、江西的万年桥、浙江的通济桥、山东的泗水桥、安徽的太平桥等连拱长桥，陆续出现于各地，所可贵的，不在于旧制的模仿复制，而在于自辟途径，花样翻新。

如上所述，古桥在构造形式上，灵活多样而又因地制宜。在梁拱吊的基本体系上，多种多样，如拱桥有坦拱、陡拱，拱圈有尖拱、半圆、圆弧、弓形、多边形等；梁有伸臂、八字撑。从材料上分，拱有石拱、砖拱、木拱、竹拱；梁有木梁、石梁、木石组合梁、石板以及砖、土、石桥面等；索桥有独索、多索、藤网、竹索、铁索；浮桥有木船、皮筏、木排、竹筏等，形式上又分低浮桥、通航浮桥、开合浮桥等。所有这些，它们的设计构思是与力学原理相符合的；它的构造形式是与材料功能相配合的；它的稳定程度是与安全要求相适应的。对于这些工程要素上的掌握运用，是一个多因素的复杂问题，也是技术精湛的体现。

桥梁艺术与桥梁文学

史学家论我国古代艺术，认为"汉族传统的文化是史官文化"。史官文化的特性，一般地说，就是幻想性少，写实

性多；浮华性少，朴厚性多；纤巧性少，宏伟性多；静止性
少，飞动性多。自建安以后开始发生变革，即由原来寓巧于
拙、寓美于朴的作风，渐变为拙朴渐消、巧美渐增的作风。其
间佛法东渐，建筑方面在一定程度上，受到宗教色调的
影响。隋唐时期，中外文化交流，艺术风格又注入了新的因
素。桥梁是水上架空的建筑，除了它所特有的实用功能和由于
实用功能而确定了它的基本形式而外，它不能不受到周围大量
建筑群的感染和影响，而表现为某种程度的共性和协调。在另

云南大理观音堂桥

一方面，桥梁又常是置身于山川萦回的林泉胜地，天然风景又要求它以特有的姿态，为幽美环境增添风采。而桥梁的本身就是实用与艺术的融合，如桥梁的平直、悬索的凌空、拱圈的涵影，它们形象的本身，原来就摇曳着艺术的风姿。英国李约瑟在其专著中说"没有中国桥是欠美的，并且有很多是特殊的美"（《中国科学技术史》4卷3册，145页）。

桥梁形式，无论中外，大致相同，采用什么来体现我国古代桥梁所特有的艺术风格呢？根据文献记载和实物形象，特点

内蒙古水磨桥

有二：一是附属建筑，二是石作雕刻。附属建筑有桥屋、亭阁、栏槛以及牌坊等。桥屋是为保护木梁防止腐朽，有其实用的必要性。但重阁飞檐，有亭翼然，用之于多跨梁桥，则感到飞动有势；用之于伸臂式桥，则更产生"飞阁流丹，下临无地"的壮丽景色。又如盘江桥、泸定桥等桥，高山急流上的一线悬索，两岸高筑楼台，更增添了雄伟气概，与群山奔湍浑成一体。又如泉州万安、安平等长大石桥，全用厚墩巨梁，偃卧在江海浪潮之上，给人以敦厚质朴之感。采用石凿武士和耸立

西藏拉萨公园桥

桥梁史话

石塔点缀其间，便觉十分协调。石拱桥的本身形态，原即富有美感，不论圆拱高耸，或者长桥压波，总是能和周围景物相映成趣，更平添了诗情画意。古人常用"长虹饮涧""新月出云"来描绘优美拱桥的形象。比如赵州桥比起欧洲古罗马时代所造的拱桥，就显得前者轻巧，后者笨重。至于风景区和园林建筑群里专为观赏而特建的桥梁，更是独出匠心，纯粹以

青海昆仑桥

美术品的要求，精工细作，把桥梁所能体现出美的意境，以实体直觉加以渲染。与实用性的桥梁，又似异中有同。在以实用性为主的石桥中，也有为观赏而设置的装饰，如望柱栏板，桥头石兽的雕刻，这种装饰性的雕刻，一是受周围建筑物的传统影响，更多的原因是石桥的兴起，正当石窟造像风靡一时。据文献记载，郦道元《水经注》："魏太和中皇都迁洛阳，经构宫极，修理街渠，务穷隐，发石视之，曾无毁坏。又石工细密，非今知所拟，亦奇为精至也。"可见汉晋时代石

宁夏红星桥

工严谨不苟，工艺精细。又"建春门石梁高大，治石工密。旧桥首夹建两石柱，螭短蚨勒甚佳。乘舆南幸，以其制作华妙，致之平城"。这里所说的"工密""华妙"，也如同阳渠桥铭中的"敦敕工匠，尽要妙之巧"。当时对石工的要求是相当严格的，工匠必须通过石作雕刻，才可以表现出他的技能，于是石桥的望柱栏板，便成了石工表现技巧的对象；而当时的风气，建桥石工，必须把全桥的一石一拱，进行精细的艺术加工。这一传统，便成为后世石工的典范。同时，这类雕刻图式

海南孟果波桥

的形成，一方面与同时代的建筑艺术相通；另一方面又与民间神话有密切联系，如治水的龙、分水的犀、镇水的狮、降伏水怪的神兽等，特别是卢沟桥上的石刻狮子，名闻世界。石工建成了桥，还为桥留下了护桥"卫士"。这些逐渐形成和流传下来的习尚，便形成它的独特风格。

自从建安诗人写桥入诗，首倡了桥梁文学，隋唐以后的诗人词客，都为桥梁写下了大量的清丽动人的诗词，情景交融的描绘，增添了人们对桥梁爱好的情感。1800年来，以描述桥梁为主题的诗篇和以同一主题为内容的铭、赞、颂、记，数量之多，几是一个难于统计的巨大数字。它们不只是文人学士一般抒情之作，其中也包含着无比丰富的桥史资料和对桥梁功用上和艺术上的各种描述与评价。我们研究这些文学、艺术大师的作品，就可能发现我国古代桥梁艺术和风格的精髓所在，这比仅从外形上可见可望的表现，要深入得多了。

造桥技术与桥工匠师

造桥技术，在我国历史上有卓越的成就。桥梁是技术性相当强的建筑物，尤其是在宽阔河流上，高山峡谷中，要和湍急的水斗，要和卷地怒号的风斗，要和水底冲刷的泥沙斗，要和秋雨冬雪的寒冷天气斗，要争分夺秒地和时间斗。一桥之成，都是一场对大自然的激烈斗争。因此，建桥之前，必须掌握地质情况、水文资料、地震记载等；桥成之后，又要经历长年的风雨侵蚀、水流冲刷和地震的严峻考验，才能屹立无损，安如磐石，达到安全使用的目的。新桥如此，古桥当然也是如此。

我国历代桥工匠师积累了相当丰富的实践经验，创建了多种形式结构。这些成绩的取得，自然是由于诸方面的促进，这与历代匠师的不懈努力、殚精竭虑是分不开的。不少的桥工事例说明匠师们不仅仅是善于积累成功经验，取法先进经验，更可贵的是善于吸取失败经验，从失败中吸取教训。特别是在修理旧桥时，他们洞烛要害所在，无疑是做了一场试验，整旧为新。一项技术所以成功或失败，必有科学理论上的原因。历代造桥匠师根据实践经验而完成任务，即是遵循理论而不自知。他们的实践，即是应用科学，我们可用理论来评价他们的实践，也可以从他们的实践使我们发现新理论，甚至提供科研新项目。

罗英著《中国石桥》一书中，提出"古经验与新理论"问题，以贵州平越（今福泉）葛镜桥为例，说明通过"石拱辅构件"而产生"被动压力"的重要性。他先以旧理论验算葛镜桥在新的负荷下即不安全，而在新的理论下则并无问题。所谓新理论即是考虑到"石拱辅构件"的作用。书中对"多铰拱"及"无铰拱"的结构，和"尖拱"及"压拱"的施工，有很多独到的见解，为研究古桥技术辟一途径。

本书对梁、拱、索三种桥型亦分别做了理论分析，与罗著一样，也都提出了不少的问题，需要做进一步的研究。目的是：一方面从理论上，发掘古桥所以能"古"而不坏的原因；另一方面则是引导出研究方向，古为今用。

桥梁的文献不少，但技术资料大都散失。比如我国的绘画技术，发达甚早，古代对于大型建筑，都要经过设计制成图式。《说苑》："齐王起九重之台，召敬君图之。"《鲁灵光殿赋》提到殿中的壁画："图画天地，品类群生，杂物奇怪，山海神灵，写载其状，托之丹青。"韩偓《迷楼记》："项升自言能构宫室，后进其图。"《图书见闻志》记，"唐朝李涿从高力士故宅保寿寺僧，又缣素换得巨幅桥图，柳公权鉴定为名画家张萱所作石桥图，明皇赐力士，因留寺中"。又记唐明皇的《金桥图》，"御容和照夜白，陈闳主之；桥梁、山水、车舆……吴道子主之；狗、马、驴、骡……韦无忝主之。图成，时称三绝"。宋张择端另有一幅名作《金明池夺标图》，画中的"仙桥"据《东京梦华录》记："桥面三虹，朱漆栏楯，下排雁柱，中央隆起，谓之骆驰虹。若飞虹之状。"关于桥梁工程的设计图式，文献中也有不少的记载，如《宋史·河渠志》"留守向拱重修洛阳桥：甃石为脚，高数丈，锐其前以疏水势，石缝以铁鼓络之，其制甚固，四月（建隆二年，公元961年）具图来，降诏褒美"。又为仿赵州桥改建天津桥，令董士靴"彩图作三等样制修砌图本一册"。元虞集《虹桥记》"遂以八月乙丑召工画图，尽撤其旧而新之"，则不仅说明造桥必有图，并且匠师也能制图。有图必有文字说明，否则工匠将无法据以施工。可惜有些重要文物，竟未能保存下来。

关于桥工匠师的社会地位和工作条件，古时有冬官、司空管理百工。《史记·五帝本纪》："舜……于是以垂为共工。"马融注："为司空，共理百工之事。"又："垂主工师，百工致功。"《左传》："卫文公大布之衣，大帛之冠，务材训农，通商惠工，敬教劝学，受方任能。"惠工，有优惠提倡的意思。考唐制，官营手工业，"少府监"（尚方监）总的职掌是管理百工技巧的政务，"将作监"总的职掌是管理土木工匠的政务。类似建筑工程师的高级匠人称为"长上匠"，州出钱雇用，因而也称为"明资匠"，名额260人。柳宗元《梓人传》："吾食于官府，吾受禄三倍，作于私家，吾收其值太半。"据此则古代匠师，是具有专业技能、独立工作和指挥能力的工程技术人员，并且受禄于官府，还允许他做工于私家，很像后世的自由职业者。有人以为古代工匠不受重视，没有文化，没有系统的科技知识，是缺乏根据的。

古代造桥技术的传播和继承，和其他手工业者一样采用的是师徒薪传的方式，或者子承父业，沿传不绝。这种口传手授的培育方式，不仅造桥技术如此，其他手工业几乎无不如此。师承传习的传统方法，则是历史的产物。我们在大量文献记载中，还看到有不少不是专业匠师而参加了造桥活动，并做出重要成就。其中包括一些佛教和伊斯兰教的宗教徒，如洛阳桥就有僧人做出很大贡献。他们还曾把我国的造桥技术传到国外。如俄国彼得大帝就曾请中国派遣造桥专家西去，传授技术。

古代桥梁的社会性与人民性

桥梁，从一开始就以属于人民公用公有的社会性而出现。

封建社会，是以私有制为构成杠杆的。即以建筑物而言，宫殿楼阁为皇家贵族所私有，田庄院舍为地主所私有，庙宇坛塔为僧道所私有，甚至渡口船只，也是牟利的私有工具。唯有桥梁，在私有社会里却是社会公有的。无论是官修私建，都有它普遍的公用性。人民造了桥梁，桥梁就为人民服务，成为人民生活中不可缺少的重要建筑物。几千年来，在社会上都有爱桥护路的风尚，都公认修桥补路是为人民造福的善举。由于公认造桥是一种公益事业，于是也就被公认为群众性的活动。凡是从事这项活动的事，便受到社会上的支持，从事这种活动的人，便受到社会上的尊敬。所以"桥梁道路，王政之一端"，是为官作宰政绩的体现。士绅们认为造福乡里，可以获得美名，就连方外僧道，也为了广结善缘，把修桥当作济世度人的功德。

综观地方志的记载，历来修建桥梁的方式，不外四种：一是民建，由一家一姓独力成桥；二是募捐集资，士绅僧道，广事劝募，报经官府支持，协力兴工；三是官倡民修，由地方官提倡，商绅附和，并指派官吏士绅主持其事，这类都属于较大工程；四是全由官府拨发公帑施工，也有的以工代赈。其中以募捐集资的一种，最为多见，效果也最好。因为集腋成裘，可以调动社会上的一切积极因素，并且潜力极大。如历史上名桥安济桥、万安桥，都是采用这种方式建成的。建桥如此，修桥也如此。所以我国遍布各地包括穷乡僻壤，桥梁数量之多，是惊人的。而千年来这些大量桥梁的经常维修，同样是十分繁重的工程。它们的数量之大，用工之多，工期之长，可以比拟十万里的万里长城，跨过长江黄河的南北大运河。但修建时民无怨言，乐于输将。这就有别于长城和运河了。

从古桥现状，看古桥成就

我国古桥，遍布全国，是在现代铁路、公路桥梁技术从外国引进以前建成的。个别古桥，已历时千百年以上。近代技术当然大大超过古代，然而古代技术竟能使其作品在某些方面与现代技术的作品争胜，其中奥妙何在？古桥建成时，并未梦想它有千年寿命，更不料桥上会有今天这样繁重的运输，古桥在结构形式和结构细节上还有近代桥梁所没有的，还可进行大量的科学研究。

研究我国古代桥梁成就的专家学者，国内代不乏人，国外亦有不少。但有一共同情况，即大多系从古书中搜集资料，而很少经过实地观察来立论的，如同李时珍、徐霞客等那样。古桥亦是古文物，新中国成立后，对古代文物特别重视，对其重要者加以保护。三十年来，从地下发掘所得的珍贵文物，数不胜数，其中亦有与桥梁有重大关系的，如刻画汉砖、铁件等。但对造桥工具则未有所闻。如古代壁画中，间或有古桥图像，过于简略，亦无法深入研究。唯有如《清明上河图》中的虹桥，忠实详密，是很重要的资料。足堪欣幸的是：古桥遗迹，历来就屹立在地表，都可前往调查观赏并摄影。然而我国幅员广阔，桥梁又遍地皆是，且或处在穷乡僻壤，深山野谷，或荒凉地带，人迹罕到。要遍察古桥的成就，非一朝一夕之功。

至于在考察所得的结果上，从事理论分析，科学试验，以求推陈出新，应用于近代桥梁，尚有很多工作有待进行。

谈桥梁跨度 [①]

武汉长江大桥建成后，南北"天堑"，变成通途。桥的作用就是在路断的地方为它补空。因此，桥也是路，不过不是躺在地上，而是架在空中的。因为架在空中，这条"路"就能跨山河、平天堑，而让上面行车走人，下面过船流水。它是怎样架起来的呢？它就是一头在此岸，而那一头却跨到彼岸去了。小桥小跨，大桥大跨；跨得越远，桥的技术越高。一座桥的跨度就是衡量它技术的一个指标。其他指标是：桥上的车重、车速、风力，桥下的水深、水速、泥沙厚度，以及水面上航运"净空"，山谷里桥墩高度，等等。

桥有几种跨法。最普通的是像条板凳在两个桥墩上，横跨着桥身，叫作"梁"，因而这种桥叫作"梁桥"。它的特点

---

① 此文发表于《武汉晚报》1962 年 7 月 27 日。

桥梁史话

是：梁是笔直的而且是平放在桥墩上面的。梁上有重量时，它就向下弯曲，好像板凳上坐人，板就下垂一样。梁向下弯时，它的内部就处处受力，但情况不同，如把梁切断来看，那么，断面的上部受"压力"，下部受"拉力"。因此，用来做梁的材料，必须同时有"抗压"和"抗拉"的强度。但是，任何材料的这两种强度都是不一样的，如用石块做梁，跨度过大，则抗拉强度不足，可使下面断裂，但其抗压强度还未充分发挥。混凝土也是一样，抗拉强度小而抗压强度大，如用做梁时，要在下面放进钢筋，来增加抗拉强度。就是用钢料做梁，它的抗拉与抗压强度也不是一样的，不过抗拉大于抗压。由于抗拉与抗压的强度不平衡，任何材料做成梁式的桥，都是不经济的，这就使梁桥的跨度，受到一定限制。

为了扩大跨度，可以变更梁在桥墩上的安置形式，来增加梁的强度。一种形式是把梁放在三个或更多的桥墩上，使它从一个桥墩，连续到几个桥墩，因而每一孔梁上的重量就可由其他各孔的连续梁来共同担负，这就可尽量平衡梁内抗拉强度与抗压强度的差距。这种桥名为"连续梁"，是一种先进的设计，武汉长江大桥的钢梁，就是这种形式。

但是，更彻底的扩大跨度的方法，是把造桥材料做成一种型材，使它强度得到充分发挥而毫无浪费。比如，石料的抗压强度大，抗拉强度小，就把石料做成一种像瓦片的形式，在那里面，处处都是压力而无拉力。又如钢料的抗拉强度大，抗压强度小，就把钢料做成一种像晒衣绳的形式，在那里面，处处都是拉力而无压力。瓦片式的桥叫作"拱桥"，晒衣绳式的桥叫作"悬桥"。

拱桥的"拱"就是弯曲的梁，因为这一弯，就把梁内的拉力全部改变为压力了。同是石料，做成拱桥，它的跨度就比梁桥大得多，而且可用石块拼砌，不像梁桥要受块石长度的限制。著名的赵州桥，建成于1300多年前，就是石拱桥，跨度达37.02米。最近在云南省建成的石拱桥，跨度长达112.5米，成为世界上最大的石拱桥。钢筋混凝土的拱桥，跨度已达264米（瑞典），而钢料做成的拱桥，跨度更达到503米（澳大利亚悉尼港大桥）。

悬桥是吊起来的梁桥。在那里，许多小跨度的梁，不是个个放在桥墩上，而是一齐吊挂在几根很长的钢丝绳绞成的钢缆上，使这许多小跨度连接成为一个大跨度。钢缆挂在两旁桥墩上的桥塔上，钢缆的两头锚碇在两岸。这样，全桥重量，最后都传到钢缆，而使它下坠，弯成曲线。钢缆在下弯时，内部全受拉力，而钢丝绳的抗拉强度却正是一切材料中最高的。因此，悬桥的跨度不但比梁桥大，而且可以大大超过拱桥，或任

　　　　　　　　　　　　　　　　　　　桥梁史话

何其他形式的桥。现在世界上跨度最大的桥，就是悬桥，跨度已达1299米（美国纽约，正在建造）。

可见，由于科学技术的发展，新材料、新形式层出不穷，桥的跨度是可以越来越大的。将来的桥，连山越海，一定能把任何"天堑"变通途！

开合桥 [1]

开合桥就是可开可合的桥，合时桥上走车，开时桥下行船，一开一合，水陆两便，这是一种很经济的桥梁结构。但在我国，这种桥造得很少，直到现在，几乎全国的开合桥都集中在天津，而且天津市区的绝大多数的桥也就是这种开合桥，这不能不算是天津的一种"特产"。南运河上有金华桥，子牙河上有西河桥，海河上有金钢桥、金汤桥、解放桥。这些都是开合桥。为什么天津有这样多的开合桥，而其他都市如上海，就连一座都没有呢？

桥是架在河上、空中的路，过桥就过河，对陆上交通说，过河有桥，当然是再好没有了。但是河上要行船，有了桥，不但航道受限制，而且船有一定高度，如果桥的高度不

---

[1] 此文发表于《天津日报》1963年3月31日。

变，那么，水涨船高，就可能高得过不了桥了。要保证船能过桥，就要在桥下预留一个最小限度的空间高度，虽在大水时期，仍然能让最高的船通行无阻。这个最小限度的空间高度，名为"净空"，要等于河上航行的船的可能最大高度。根据河流在洪水时期的水位，加上"净空"，就定出桥面高出两岸的高度。可以设想，如果河水涨落的差距特别大，如同天津的河流一样，那么，这桥面的高度就高得惊人了。桥面一高，那两岸的车辆如何能上桥呢？要使车辆能上桥，就只有在桥面和地面之间，再造一座有"坡度"的桥。这种有坡度的桥名为"引桥"，是过河的"正桥"的附属建筑。有了引桥，车辆就可"引"上正桥了。但是，引车上桥的坡度是有一定限制的，对汽车来说，通常是不超过4%，就是说平行100米，只爬高四米。假如正桥的路面高出岸上路面十米，那么，引桥长度就要有至少250米，如果两岸地面一般高，两岸引桥长度加起来就要有至少500米。这样，引桥长度就会比正桥还长了，这不但增加了桥梁的造价，而且对两岸陆地上引桥两旁的房屋建筑，是非常不利的。这在城市规划上，成了不易解决的问题。这便是水陆交通之间的一个矛盾。为了陆上交通，就要有正桥过河，而正桥就妨碍了水上交通；为了水上交通，就要有两岸的引桥，而引桥又妨碍了陆上交通，因为上引桥的车辆有的是要绕道而行的，而引桥两旁的房屋也是不易相互往来的。因此，引桥这种建筑，在郊外还没有问题，而在都市里，除非长度有限、影响不大的以外，总是一种障碍物，应当设法消除。开合桥就是消除引桥的一种桥梁结构。天津开合桥多，就是这个原因。

开合桥的种类很多。一种是"平旋桥"，把两孔桥连在一起，在两孔之间的桥墩上，安装机器，使这两孔桥围绕这桥墩，在水面上旋转90°，与桥的原来位置垂直，让出两孔航道，上下无阻地好过船。一种是"升降桥"，在一孔桥的两边桥墩上，各立塔架，安装机器，使这一孔桥能在塔架间升降，就像电梯一样，桥孔升高时，下面就可过船了。一种是"吊旋桥"，把一孔桥分为两叶，每叶以桥墩支座为中心，用机器转动，使其临空一头，逐渐吊起，高离水面，这样两叶同时展开，就可让出中间航道，以便行船。一种是"推移桥"，把一孔桥用机器沿着水平面拖动，好像拉抽屉一样，以便让出河道行船。天津的解放桥、金钢桥及西河桥都是吊旋桥，金汤桥是旋转桥，而金华桥又是平拖桥，几乎各式皆备。

开合桥的优点是，桥面不必高出地面，不用引桥，但开时不能走车，合时不能通船，水陆交通不可同时并进，又是开合桥的缺点。特别是，桥在开合的过程中，既非全开，又非全合，于是在这一段时间里，水陆都不能通行，这在运输繁忙的都市，如何能容许呢？因此，在桥梁历史上，开合桥虽曾风行一时，但在近数十年来，就日益减少，几乎快要被淘汰了。

问题是，已经建造了开合桥的地方，若欲改为固定桥，就要添建引桥，而这又是不可能的。那么，如果桥上桥下的车船运输，都在高速度地发展中，这开合桥怎样才能更好地服务呢？应当说，有几种改进的可能：一是将桥身减轻，如用轻金属或塑料，使它容易开动；二是强化桥上机器，提高效率，大大缩减开桥合桥的时间；三是利用电子仪器，使桥的开合自动化，以期达到每次开桥时间不超过3分钟，如同十字道口的错车时间一样。这些都不是幻想，也许在不久的将来就会实现的。

联合桥 ①

联合桥是铁路与公路联合使用的桥，既走火车，也走汽车，各走各路，两不相扰，因而是一种很经济的桥梁结构。它的形式很多，但可分为两大类：单层式及双层式。在单层式，铁路与公路同在一层桥面，铁路居中，公路分列左右，一来一去。在双层式，铁路与公路各占一层桥面，一般是铁路在下而公路在上。两种类型，各有利弊，但总的说来，双层式优于单层式，武汉长江大桥和杭州钱塘江大桥就都是这种双层式的联合桥。

联合桥具有铁路桥和公路桥的双重作用，但桥只一个，当然比两个桥省得多。它虽有专为铁路和公路而设的特别的桥面结构，但这两个桥面却为同一桥身、同一桥墩所承载，这一桥

---

① 此文发表于《人民铁道》1963 年 4 月 5 日。

桥梁史话

身就比铁路桥和公路桥所需的两个桥身小得多，桥墩也只要和铁路桥或公路桥的桥墩几乎同样大小就够了。这也是"一加一不等于二"的一个例子。因此，如果铁路、公路必须在同一地点过河时，修建联合桥应当是最经济的措施。但这里牵涉到路线问题。

桥离不开路。铁路、公路同用一座桥时，铁路和公路的路线就在桥头相遇。那么，是应当公路线迁就铁路呢，还是铁路线迁就公路呢，还是两不迁就，单单为这联合桥选定最适合的桥址，而把铁路线和公路线都分别引到这桥上来呢？

在一般情况下，联合桥大半是从铁路桥扩充而来的；就是说，铁路正要修桥，而公路也有需要，因而双方合作，但铁路担负大部分投资。在这时，桥的位置往往由铁路决定，公路设法迁就。不过这在野外乡间虽无问题，而在城市区域内就不如此简单了。

桥也是路，可算是路的组成部分，它的位置应当服从路的需要，铁路桥、公路桥都一样。铁路桥应当满足铁路规划的需要，市区公路桥应当满足城市规划的需要。不论铁路规划或城市规划都要求铁路路线不与城市道路相混。路不相混，它们的桥如何能合而为一呢？并且，城市公路桥上，不但车辆复杂、运输繁忙、行人拥挤，而且还有各种电缆、电线、水管、煤气管等都要过桥，其情况和野外公路桥大有区别。可见在城市区域内，联合桥是极不相宜的。至于城市近郊，铁路线也要服从城市规划，如修联合桥，它的位置便由公路决定，而要求铁路线来迁就了。如果迁就困难，只好铁路、公路，各修各桥。这都是以路线来决定桥位的结果。

但是，有时桥也很有独立性，它的位置反过来决定铁路和公路的路线。这便是工程特别艰巨的桥梁。工程所以艰巨，由于河道的地理、地质和水文条件，而这是和桥的位置有关的。有些条件越是困难，桥的位置的选择越是重要。相形之下，不论铁路或公路路线的选择就都成为次要了。这就是说，如修联合桥，应先选定桥位，然后让铁路和公路的路线，都来迁就。而且，大城市往往就在大河边，大河上的桥往往是难修的，这种桥的位置，在城市规划中，就会成为一个决定因素，不论铁路或道路的安排，都要随着桥位的决定而决定。并且，桥既难修，当然越少越好，在这里，联合桥就最能发挥其优越性了。

正因为它的优越性是这样显著，联合桥的一些缺点就在无形中被掩盖了。比如，铁路、公路本来是各有路线的，现在共走一座桥，就必须要求一条路线，甚至两条路线，都要绕道而行，因而大大增加了线路工程的土石方和小桥涵洞。双层式的联合桥，上层桥面的路线，一般是公路，所需的额外的线路工程就更多了。所有这样增加出来的线路工程费，比起由于利用联合桥而节省出来的桥梁建筑费，孰多孰少，是个重要经济问题。并且，利用联合桥，将路线延长，将来运输时间也要增加，成为长期负担，是否值得，也当考虑。可见，为了联合，总得付出代价。

没有不能造的桥 [1]

路是人走出来的，有了路，就要桥。哪里有人，哪里就有路，同时哪里也就可能有桥。人是需要桥的，同时人也能造桥。只要有能修的路，就没有不能造的桥。人能移土填海来修路，也能连山跨海来造桥。人们改造自然的雄心壮志，就在修路造桥的工作上，也能充分表现出来。不但表现出和自然界斗争的集体力量，也表现出了征服自然、改造自然的聪明才智。"一桥飞架南北，天堑变通途。"（毛主席词）这便是近代造桥技术的新成就。

桥是路的一部分，没有路，当然就没有桥；桥不能没有联系的路而孤立存在。桥的存在是为路服务的。既然是为路服务，就要能满足路的要求：第一，所有路上的车辆行人，都要

---

[1] 此文发表于《知识就是力量》1979 年第 5 期。

能安全地顺利地在桥上通过。第二，车在桥上走，要能和在路上走一样，不能因为过桥而使行车有所限制，比如减轻载重、降低速度、一车单行，等等。第三，路上交通运输，总是天天发展的，路还可以跟着改造、加强，桥就不那么简单，一定要造得比路更为坚固耐久。满足了以上这些要求，桥和路才能成为一体，合为一家。否则那就是"路归路，桥归桥"，不能密切合作，共同为陆上运输服务了。

桥和路不但要为陆上运输而合作，它们还要为水上运输而合作。因为过河的桥，下面要走船，水涨船高，不但桥要造得高，而且路也要跟着高。桥在过河的地位上要服从路，路在两岸的高度上，也得迁就桥。桥和路都是越高越难造的，但是为了行船方便，就把困难留给自己。桥和路跟船合作得好，这个困难就解决了。

不论行车或者走船，总不要因为过桥而使人感到不适，或是激烈震动，或是骤然改变方向，使桥形成一个"关"。如果车在桥上走，如同在路上一样；船在桥下过，如同河上没有桥一样。有桥恍同无桥，这种桥就算是造得真好了。但是，对行人来说，有桥也并非坏事，能在一座桥上走走，饱览河上风光，两岸景色，岂不令人心旷神怡！

从走车、行人的观点看，桥就是一种路。不过这种路不是躺在地上，而是跨过一条河道或是横越一个山谷的。因此，桥是从地上架起来的一条空中的路；路在空中，当然问题就多了。这个空中的路，一般只是跨过一条河，或者越过一个山谷，或者和另一条路立体交叉，它的长度，总是有限的，但如高架铁路或高速公路，因为架在空中，虽名为路，但实际是桥，以桥代路，这桥的长度，就大得可观了。

一座桥所以能成为空中的路，因为在两岸桥头，它有桥台，在河道水中，它有桥墩，有了台和墩，才能架起桥身（名为桥梁），三者联合在一起，才能构成一座桥。桥墩有两个问题：一是妨碍航运；一是阻挡洪水。所以一座桥的桥墩，愈少愈好，然而桥墩少则每孔的桥梁长，如果一座桥的桥墩和桥梁的造价约略相等，这桥才算是经济的。这就牵涉到造桥过河的地点问题，是要桥的位置服从路的线路，还是路的线路服从桥的位置呢？

桥梁的设计与施工，有一个重大的特点，即不但要力求经济，而且要绝对保证安全。假如一座造成的桥，因为承载车辆过量，或者行车速度太快，或者洪水、地震、台风等影响，以致桥身断裂，坠入河中，则对生命财产的损失，何可胜计！这比起其他很多工程，如果失败，只浪费财产而不影响生命，更是大不相同。

桥，不论它的长度多大，都不足显示它的技术优点；足以显示桥的技术优点的是桥的跨度，就是一座桥架在两头支座之间的架空长度。一座桥就像一条板凳，板凳两条腿之间的架空长度就叫作跨度；几条板凳，头尾相连，就构成一座长桥。板凳虽多，它的强度仍只是决定于一条板凳的长度。

板凳就是一座桥梁的简单模型。板凳的板，好像是桥的梁；板凳的腿，好像是桥的墩；板凳的脚立在地上，就好像墩是建筑在基础上。梁、墩和基础，构成一座桥梁的三大部分。每一部分都有各种不同的形式，构成不同类型的桥。

梁是承托铁路或公路路面的建筑物，是直接受到桥上车辆行人的荷载（重量和振动）的。最简单的梁，是几座既平且直的板梁，架在两头桥墩上。这种板梁的跨度不可能太大，要加长跨度，就要把桥梁的板，改成各种结构来承担荷载。所谓结构，就是用许多杆件拼成的一种梁。比用平直的梁更为经济的办法，是把梁拱起来，让它向上弯成拱，在拱的下面或上面安装路面，这就形成一座拱桥。更经济的办法是用缆索，跨过两岸上立起来的高塔，把缆索的两头锚定在土石中，然后从缆索上悬挂起路面，就像一根绳子上吊起洗的衣服一样。这种桥叫作吊桥。梁桥、拱桥、吊桥，是桥梁的三种基本类型，我国几千年来就造过无数的这三种桥。

福建泉州的洛阳桥是宋代（公元1059年）建成的石梁桥，总长834米，有47孔，每孔跨度16米左右，用长条石块，架在桥墩上做路面，桥墩下的筏形基础设计，比外国的早800年。河北赵县的赵州桥是隋代（公元605年左右）建成的石拱桥，只有一孔，跨度长达37.02米，建成至今虽已1300多年，但它的雄姿依然不减当年，堪称世界上最古老的石拱桥。四川泸定县的泸定桥是清代（公元1706年）建成的铁索吊桥，跨度103米，是1935年我英雄红军长征路上强渡大渡河的革命纪念地。以上三座桥是我国古桥中三种基本类型的代表作。其他名桥，书不胜书。

　　我国自从有了铁路，就有了新式的钢桥和钢筋混凝土桥，桥的结构也有了多种形式。新中国成立前，滔滔长江，没有一座桥；滚滚黄河，上面也只有三座桥。新中国成立后，我国桥梁建设，日新月异，长江上先后有了武汉、南京等铁路、公路联合大桥，黄河上造了二十几座桥。其他大小河流上的铁路、公路桥，遍布国内，它们的形式和古桥一样，基本上仍是这三种，即梁桥、拱桥和吊桥。但每种都有创新，如武汉、南京长江大桥都是三孔钢梁首尾连成一联的"三联连续桥"。又如许多的钢筋混凝土拱桥中，造成"双曲拱"的形式。所有这些新结构的目的都是为了节约材料并增加安全度。其方法是控制材

　　　　　　　　　　　　　　　　桥梁史话

料的变形，不使超出限外。

板凳的板上站了人，板就要向下微微弯曲，这时板的下面就要被拉长，上面就要被压短（可以用简单试验来证明）。但板的材料（木、石或其他）是要抵抗变形（这是所有材料的特性）的。抵抗被拉长时，就有抗拉应力；抵抗被压短时，就有抗压应力。比如石料，抗压强度大大超过抗拉强度，因此如果把梁做成拱形，在担负荷载时，这拱就要被压短了（也可试试看），引起材料的抗压应力，而这正是由石料的抗压强度来决定的。同时，拱不大可能被拉长，这就避免了材料的弱点。所以拱比平直的梁更经济。同样的道理，一条绳子只能被拉长而不可能被压短，如用钢缆把桥的路面吊起，就能充分发挥材料的抗拉强度，同拱能充分发挥石料的抗压强度一样。但钢的强度比石料大得多，所以吊桥跨度可以比拱桥跨度大得多。

一座桥的形式，决定于所用的材料和材料做成的结构，要加大跨度，就要充分发挥材料的强度，而克服它的弱点。

桥墩是桥梁的支柱，桥上车辆的重量和振动影响，都要通过桥梁而传到桥墩，再加桥梁和桥墩本身的重量，以及桥上风力、桥下水力等，桥墩的负担，可就不轻了。不但如此，桥墩这个支柱，有一部分是在水里的（越过山谷的桥的墩，有时也有小部分在水中）。而水是很难对付的。因此，建筑桥墩的材料，既要有强度，还要能抗水。当桥梁在承载过程中变形时，桥墩也跟着变形，不过这个变形，主要是压缩，因此桥墩的材料必须要有较大的抗压强度，但它的结构形式却比较简单，重要的是，桥墩要"立"得牢，桥梁才能"坐"得稳，要桥墩立得牢，就要有坚强的基础。

桥梁基础是把全桥上的重量和一切振动影响传达到地下的一个结构。它是桥墩的"脚跟"，是全桥和地下联系的一个关键。因此，它必须建筑在石层或坚硬土层上面。当它在受到桥墩向下压迫的作用时，除了自己压缩变形以外，还会使下面的土石跟着变形。由于土石层的变形，基础、桥墩以至整座桥梁都会跟着慢慢移动。这种移动，名为"沉陷"。这对桥梁是非常重要的，任何桥都有沉陷，但要控制在一定范围以内，并使它平均分布，以免桥墩倾斜。

基础的类型也很多，最简单的方式是水中打桩，把桩打到石层或坚硬土层上，然后在桩上造起桥墩。在水深的地方，可以采用沉井、沉箱或管柱，就是把预制的井、箱或管柱沉到石层或坚硬土层上，再在它们里面或上面筑桥墩。南京长江大桥，水下石层深达73米，是世界上罕见的深水基础，曾经用了多种方法，才将桥墩建造成功。

桥同路要合作，桥本身的梁、墩和基础三部分更要密切合作。首先，每部分以及各部分接头处，都不能有薄弱环节。其次，各部分要配合得当，彼此协作，来发挥每个角落的最大强度。再其次，全桥的强度要分布均匀，薄弱环节固然不好，一处过分坚强，形成浪费，也不需要。一座桥是由许多部件组成的，每个部件的强度与它的变形有关，而变形是可以测定的。凡是变形较大的地方都是薄弱环节。在一座桥的设计和施工中，都应当使这座桥在车辆走动、载重增加时，处处只有最小的变形。从全桥和部件变形的大小，就能看出这桥的技术水平。桥梁技术的发展，就是要以争取全桥整体的和局部的最小变形为方向。但是无论设计施工如何完善，总有估计不到的因素，桥在建成后也会遇到不测的袭击，如地震，这里就要依靠桥的本身潜力来抵抗了。原来在任何建筑物中，按照自然法则，在必要时，较强的部分都会适当地帮助较弱的部分，自动调剂。也就是，各部分的变形，如果忽然过多或过少，它们会互相调剂，均衡力量，使全桥的变形，仍然达到最小的限度。只有在这个变形超出"安全度"的时候，这个建筑物才会遭到破坏。这个建筑物的自动调节的性能，就叫作"整体性"，对于它的安全是很重要的。充分发挥整体性的作用，也是桥梁新技术的一个极其重要的目标。

桥梁技术中有许多新的成就，这些新成就，帮助我们多快好省地把桥建成。所谓好，就是这座桥在任何情况下，将会有最可能小的变形和最可能大的整体性。

作为新技术的例子，现在来谈一个"装配式预应力混凝土"的结构。混凝土是由水泥、沙子和小石块在加水后搅拌，浇灌到模板中，经过凝结而成的建筑材料。它的优点是抗压强度大，弱点是抗拉强度小。为了克服它的弱点，抵抗被拉长，就放进钢筋，成为"钢筋混凝土"，因为钢的抗拉强度大。然而，就是这样，钢筋混凝土的强度，还是抗拉不够，为了进一步加大它的抗拉强度，就把钢筋在混凝土凝结之前，预先拉长一下，然后让钢筋和它周围的混凝土一同缩短，这样钢筋就恢复了原来的长度，并把混凝土压紧，产生抗压强度。这个预先被压紧的混凝土，在受到载重时，就能抵抗更多的拉长，也就是增加了它的抗拉强度。这个增加出来的抗拉强度是由于它预先有了压缩，有了抗压应力，所以叫作"预应力混凝土"。用这种预应力混凝土，在工厂中预先制成结构中的部件，然后运往建桥工地，把各部件装配成型，这就成为"装配式预应凝结构"。这种结构可以用在较大跨度的桥梁上，是一种现代化的技术，我国正在普遍推广。

在以前，一般大跨度的桥梁，都是采用钢结构的。但现在，很多桥梁已经用预应力混凝土来代替了。不过对于特大跨度的桥梁，还是非用钢不可；有时还要用高强度的合金钢。比如建造一座跨海的桥梁，每孔跨度长达一两公里，那就非用钢索吊桥不可。将来会有更新的建筑材料出现，如不脆的玻璃钢、合成的塑料、高分子聚合物等等。同时也将有更新式的结构来利用这些材料。由于这些材料的强度高而重量轻，那时桥梁的一孔跨度和水下基础深度就会大得惊人。现在世界上桥的最大跨度，是英国的恒比尔公路吊桥，跨度1405米，建造中的日本的明石海峡公路、铁路两用吊桥，跨度1780米。水下基础最深的桥是葡萄牙的塔古斯河桥，基础在水下79米。

最后，再谈一个极其重要的桥梁建设问题，那就是造桥工业化的问题。造桥是一个非常复杂的技术问题。要从大量的地形、地质、水文、气候等资料中，根据交通运输的需要，做出设计，然后一面在水下建筑基础和桥墩，一面在工厂制造桥梁，最后再把桥梁安装在桥墩上。如果有大量的造桥工程，亟待解决进行，就必须有一整套工业化的措施，这样才能做到多快好省。这一套措施有三方面。第一，设计标准化：对跨度相同、一般条件相同的桥梁，预先做出标准设计，根据需要，按照各种条件的系列（即等级层次），做出整套的标准设计。第二，材料工厂化：不论是石料、钢材或各种混凝土，都在工厂中，按照设计，预先制成部件，然后运往工地，装配成所需要的结构。第三，施工机械化：造桥时要跟自然界各种不同因素作战，比如风浪中测量、深水下建筑、高空中吊装等，这都不是单纯的体力劳动所能济事的，必须使用各式各样的机械，才能成功。这样的"三化"是桥梁技术现代化的新方向。

桥梁技术的成就是无穷无尽的，因为桥梁工程中的困难是没有底的。桥是人造的，人有了社会主义觉悟，勤学苦练，发挥了主观能动性，就不怕任何困难。有人就有桥，世界上没有不能造的桥！

明天的桥 [①]

更多地考虑到明天

桥是空中的路。路本来是在陆地上的，但是陆地上有山有水，遇到了江河湖泊，遇到了两山之间的深谷，路就只能在空中通过，因而形成了桥。桥是路的一部分，没有路，当然就没有桥。桥不能没有联系它的路而单独存在。

桥既然是路的一部分，它必须要能担当起路的一切任务，而不限制路的作用。交通运输在不断地发展，路上通过的车辆一定越来越多，越来越重，越来越快。因此路必须随着交通运输的发展而不断地翻修改造。桥的结构比路复杂得多，它不能随时翻造。所以造桥就要比修路"先行一步"。也

[①] 此文发表于中国少年儿童出版社出版的《奔向明天的科学》，1963 年版。

就是说：今天我们造桥，比起修路来，要更多地考虑到明天，使它能满足明天的需要。

为了使桥能满足明天的需要，首先要考虑牢固和安全，使桥经得住车辆的偶尔超重，特大洪水的冲击，以及各种可能发生的震动。其次要考虑自然界的变化和交通运输的发展，使桥的作用经得住时间的考验，不会受到限制或者突然终止。再次要考虑经济，不但要求桥的造价少，施工期短，还要求使用和维修的费用省。最后还要考虑美观，使桥能配合周围的自然环境，表现出时代的精神。

今天造桥，除了考虑上面所说的四个方面外，还要逐步创造新的条件，来为明天的桥服务。比如说，今天的桥可能跨过长江、黄河，明天的桥能不能跨过海峡呢？今天的桥可能跨过几百米深的山谷，明天的桥能不能高出地面1000米呢？今天的桥能通过汽车、坦克、火车，在明天的桥上，能不能搬运整座的大楼呢？今天的桥是桥上走车、桥下过船，明天的桥能不能桥上行船、桥下过车呢？今天的桥，造起来总得花一年半载，甚至几年，明天的桥，能不能几个月，甚至几天之内就造成呢？今天的桥因为桥墩是固定的，不能随便移动，明天的桥能不能随着路线的变动而搬家呢？今天的桥经不起炮弹和炸弹的轰击，明天的桥能不能抵抗猛烈的爆炸呢？这些问题，今天看来还是不可思议的，然而明天就可能解决。到了那时候，世界上就没有不可能造的桥了。

为了满足明天的需要

为了满足明天的需要，今天造桥应该努力改进哪些方面呢？

一般的桥都有许多桥墩，桥梁是架在桥墩上的，因此一座桥就分成许多孔。桥墩多了，造起来费事，花的材料也多，而且桥墩挡水，不但妨碍桥下行船，并且增加洪水对桥的冲击。所以今天造桥，一定要设法减少桥墩。

两个桥墩之间的距离，也就是一个桥孔的长度，叫作"跨度"。要减少桥墩，就要加大跨度。跨度是造桥技术是否先进的一项重要标准。一座桥的技术水平不在于它的总长度，不在于它有多少孔，而在于它的最大一孔的跨度有多长。目前世界上的大桥，最大一孔的跨度已经达到1280米。明天的大桥的跨度，一定还要大大超过它。也许只要一个桥孔，就可以跨过黄河或长江。

在每座桥墩下面都有深入土层的基础。从水面以下到基础底面的深度，是造桥技术是否先进的另一项重要标准。为了要在深水的江河和海峡上造桥，为了使桥墩能承担起跨度更长的桥梁，都必须加深基础的深度。目前世界上的大桥，基础最深的达到水面以下79米。明天的桥，基础一定要比它深得多。这样就有可能，比如说，跨过台湾海峡，把台湾岛和大陆联系在一起。

为了满足越来越繁重的交通运输的需要，还必须大大地增加桥的负担能力。但是桥的负担能力，是和它的跨度相互矛盾的。用同一种材料造桥，跨度越大，桥的负担能力就越小。因为跨度大了，桥本身的重量就是个很大的负担，因而限制了桥上通过车辆的能力。用任何一种材料造桥，桥梁的跨度都有一定的"极限"。必须大大提高这个极限，才能使明天的桥增加负担交通运输的能力。

桥的耐久性还必须加强。桥经常受到酷暑严寒、洪水地震等自然现象的摧残；战争时期，还会受到炮弹和炸弹的轰击。桥是路的咽喉，桥一断，路就不通了。明天的桥不但要经得住日晒风吹，雨淋冰冻，还要洪水冲不断，地震震不倒，甚至在炮弹、炸弹的轰击下，也能屹然不动。这样才能避免桥断路不通的情况。

桥的成本，包括造桥的费用和时间，还必须大大降低。目前修筑公路和铁路，往往因为在路线上造桥花的费用和时间太多，不得不选择另外的地方造桥，而改变铁路和公路的路线。也就是说，目前还不都是桥去凑合路，而有时是路去凑合桥。这样做必然使路线多绕弯子，增加交通运输的费用和时间。造桥的费用和时间如果能大大降低，那么路要从哪里通过，桥就可以在哪里造起来，不必再要路去凑合桥了。

桥的结构形式，现在虽然已经有许多种类，但是还应该逐步改进，尽量节省材料，尽量把桥造得更好一些。除了改进现有的结构形式，还应该创造出新的结构形式来，使明天的桥更加坚固，更加耐久，更加合用，更加美观。

科学研究领先

要加大桥梁的跨度，加深基础的深度，增加桥的负担能力，加强桥的耐久性，减低造桥的成本，创造新的桥梁的结构形式，都要求科学研究工作领先。

车辆在桥上经过的时候，它的重量和震动都传给桥梁。桥梁受到了车辆的重量和震动，就会稍稍向下弯曲。这种弯曲叫作"变形"。不管桥梁是用什么材料制造的，这种变形都是无法避免的。

材料受到外来的作用，被强迫变形的时候，它内部就会产生抵抗力，这种抵抗力叫作"应力"。材料被拉长的部分，就产生"抗拉应力";被压短的部分，就产生"抗压应力"。如果材料变形太厉害，超过了它的"应力"所能许可的范围，材料就要断掉。因此必须研究各种材料的"抗拉"和"抗压"的强度，才能选择强度适当的材料来造桥。

造桥采用哪一种材料，就要考虑采用什么结构形式来发挥这种材料的最大作用。比如用石头造桥，如果用长条石平放，它的跨度就大不了。因为长条石的两头搁在桥墩上，上面一走车，它就向下弯曲，因而下面的部分被拉长了，产生抗拉应力。但石头的抗拉强度是很小的，条石的跨度加大，它就会被拉断了。可是，如果把石块砌成向上弯曲的"弧拱"，当一个拱因受到车辆重量和震动而变形的时候，所有的石头都因被压而缩短，里面没有被拉长的部分，而石头的抗压强度却是很大的，这就使一个拱的跨度，可以大大加长。同样的，"钢桥"和"钢筋混凝土桥"，也要研究采用什么结构才能充分利用材料的强度。

桥梁架在桥墩上，桥墩站在水里，建筑桥墩的材料必须能抵抗水的侵蚀，它的结构形式还必须经得住洪水的冲击。在桥梁受到车辆的重量和震动而变形的时候，桥墩也会随着变形，主要是被压短了。所以桥墩的材料必须有较大的抗压强度。桥墩受到的重量和震动，会传给下面的基础，基础又传给

桥梁史话

下面的石层或坚硬的土层。所以车辆在桥上通过的时候，不但桥梁要变形，下面的桥墩、基础，甚至土层石层，都要发生变形。由于土层石层的变形，整座桥就会慢慢地向下"沉陷"。沉陷是任何一座桥都不可避免的，但是必须把它控制在一定的范围内，并且使它分布得很平均，免得桥墩倾斜。这一系列的问题，都必须加以研究。

一座桥的桥梁、桥墩和基础三个部分，还必须配合得适当。要使各个部分以及各个部分的连接处，都没有薄弱环节，以免"牵一发而动全身"。薄弱环节固然不好，某个部分过于坚固也会形成浪费。最好使桥的各个部分的强度分布得很均匀，使每一部分都能发挥它的最大的作用。

桥的薄弱环节，总在材料变形较大的地方产生，这是可以测定的。车辆在桥上经过的时候，如果桥的各个部分的变形都很小，桥的稳定性就大。如果能加强桥的结构的"整体性"，使某个部分受到变形的时候，其他各个部分都来帮助，通过自动调剂而尽量减少各部分的变形，这就能增加桥的负担能力和耐久性。如何加强桥的结构的整体性，发挥各部分结构和材料的最大潜力，也是必须研究的一个课题。

此外，当然还要研究新的造桥材料、新的结构形式、新的造桥机械和新的施工方法。

新的材料和新的技术

目前所用的造桥材料，不外乎天然的木材和石料，人工冶炼的钢铁和烧煅的水泥，种类还很有限。将来工业发达，人工合成材料的技术一定会大大提高，一定会创造出强度特别高、重量特别轻、寿命特别长的材料来满足造桥的需要。例如改进烧煅水泥的方法，可能大大增加混凝土的强度；用高强度的玻璃丝编成的缆索来架"悬桥"，可能大大增加桥梁的跨度；制造出防腐蚀性能很强的材料，就可以省掉油漆，减少维修的费用。

造桥工程有几个特点：桥墩和基础要在水下施工；桥梁要在空中吊装；工程日夜进行，片刻不能停顿，但是不能阻塞水面航道。因此造桥必须用特殊的工具和设备，还要求尽量机械化。目前的施工技术已经很高，但是有很多地方还要靠工人的经验。比如基础工程发生了障碍，就要由潜水员到水底下去探索。用"沉箱法"建造基础，工人要到水底下的沉箱里去，在高压空气中操作。将来造桥，一定会有精密的测探仪器、高度自动化的机械设备、举重能力极大的起吊机器，还会利用电视和无线电通讯来指挥施工，来加速施工的进度，保障施工的安全。

结构形式百花齐放

目前的桥的结构形式已经很多。最常见的是"梁桥"和"拱桥"。梁桥就是把桥梁平搁在两头的桥墩上的，拱桥就是把桥身砌成向上弯曲的拱。还可把许多梁或拱连在一起，构成一座"连续桥"。

除了梁桥和拱桥，还有"伸臂桥"和"悬桥"。"伸臂桥"是由左右两边桥墩上的梁或拱，各伸出一条臂，再在两臂之间吊一孔桥梁。"悬桥"是在左右两边桥墩上各筑起一座高塔，在两座高塔之间挂两根缆索，把桥梁吊在缆索下面。

为了便利桥下行船，又不使桥造得太高，目前还有各种形式的"开合桥"。这种桥有一孔桥梁可以随时打开，让大船通过。在水太深或者暂时不能造桥墩的地方，还有用许多船连接成的"浮桥"。在经常发洪水的河上，还有一种"过水桥"。这种桥的桥面很低，洪水暴发的时候，水可以在桥面上流过。在山谷之间，还有各种"高架桥"，目前世界上最高的桥墩已经达到190米高。

今天的桥尽管式样很多，然而大多离不开"板凳式"，就是桥梁搁在桥墩上，样子像一条长板凳。桥是不是一定要采用这种形式呢？不一定。明天有些桥可能只有桥墩而没有桥梁。因为如果明天使用了无轮汽车，无轮汽车开上了第一个桥墩，靠了桥墩的反击力量，就会跳上第二个桥墩。不管河多么宽，无轮汽车只要跳几跳，就像蜻蜓点水似的跳过去了。

今天的桥，桥墩基础都是建立在土层或石层上的。明天要造跨过海峡的大桥，海水深达几百上千米，如果基础桥墩也要从海底上造起来，岂不比埃及的金字塔还高吗？明天可能不采用这种笨拙的方法，而从海底里牵几根缆索，扣住一个大浮筒，把桥墩建筑在浮筒上。这样就省事多了。

明天还可能有一种可以随身携带的桥。勘探队员到野外去工作，游人到野外去旅行，遇到小河或山谷，就随时可以架起桥来，从桥上走过去。这种"袖珍桥"可能是一种极软、极轻、极薄而强度又极高的塑料管子所组成的。不用的时候可以折叠起来，像件雨衣一样带在身边。要用的时候只要用打气筒打打气。塑料管子里充满了空气，就成了一座结实的桥。

河北省赵县有一座隋朝留下来的石桥，叫作赵州桥，是石工李春设计修造成的。这座桥已经使用了1350年之久，现在还在继续使用。可见得李春设计的时候，他是充分考虑到后代的需要的。我们今天造桥，当然更应该考虑到明天的需要。让我们一同来努力，为明天的桥创造更新的条件吧。

代后记：架桥人的心愿

——怀念我的父亲茅以升 [1]

政府决定为父亲修建纪念铜像，我随同有关人士再次来到钱塘江畔，选定铜像地址。一眼望去，钱塘江大桥似长虹卧波，雄伟壮观，任凭风吹雨打，滔滔江水冲刷，巍然屹立。

触物伤情，父亲的音容笑貌浮现在我眼前，他是那么平常，又是那么伟大，此时此刻好像正站在桥的中央向世人叙述着一段历史：钱塘江大桥宣告了一个人定胜天的事实；证明了洋人能做的，中国人同样能做，并且做得更好；深深烙下了中国人民不屈不挠抗击日寇的印记；记载了新中国成立和共产党领导全国人民进行社会主义建设，逐步走向繁荣昌盛的不平凡经历……钱塘江大桥就如一座丰碑，无字的碑文镌刻在人

---

① 此文发表于 1996 年 1 月 7 日《中国科协报》。

们心中。

仅是钱塘江大桥吗？不，父亲一生参加建造了无数座桥，如武汉长江大桥等物质桥；为我国与海外科学家的交流合作建造"友谊之桥"；为被隔绝在台湾海峡两岸的中国科技工作者重新携手合作建造"引桥"；为提高整个中华民族科学水平建造"科普大桥"；等等。每一座桥都凝聚着他的汗水和心血，每座桥都是他关心、热爱祖国和全身心投入祖国建设的真实写照。

远在20世纪30年代，父亲主持修建了中国第一座现代化大桥——钱塘江大桥，打破了"钱塘江上架桥——做不到"和西方专家的种种预言，开创了中国人自己设计建筑铁路、公路两用大桥的新纪元。新生的钱塘江大桥竟是以民众的逃难来作为她建成通车庆典的。数十万民众通过大桥逃往浙江南部，上百列火车通过大桥为前线送去军火，向后方转移物资。大桥的建成，为抗战做出了巨大的贡献。为了阻止日军的南侵，大桥建成仅89天后，父亲就眼含热泪亲手炸毁了大桥，给后人留下了一个爱国知识分子悲壮而又动人的故事。

新中国成立以后，父亲14次出国访问，广泛联系海外华人中的科技工作者，热心介绍中国共产党的政策和社会主义新中国的建设成就，鼓励他们积极为祖国的建设贡献力量，为促进中外科技文化交流和各国人民的友谊辛劳奔波，建造起许多友谊之桥。

1979年，父亲率领中国科协友好访问团访问美国。临行前，他谈到一段经历，他说："这次出访有着独特的目的和意义，就是动员海外侨胞学者回国报效祖国，实现我多年的夙愿。早在1956年，北京市政协组织了一个留美学生家属联谊会，我为联谊会长。周总理在会上号召，欢迎在美国的中国同胞回来参加祖国建设，他讲了八个字：来去自由，不分先后。这次大会后，联谊会做了一点工作，有四五十位在美留学生回到祖国，但人数还是不多。1960年，苏联专家撤走后，我国的科技方面受到很大损失。1962年，我向周总理建议，中国的专家在美国的很多，请他们回来，可以比苏联专家做得还好。周总理非常同意，叫我们几个人做个计划。可惜，计划做好后，碰到了'文化大革命'，计划就停顿了。现在，中央有关领导支持我去访问美国，完成这个计划，我也想在太平洋两岸架起一座桥，让居住在美国的中国科技人士走上报国之桥。"

那年父亲已是84岁高龄，他成功地访问了美国六大城市，多次在华人团体会上进行演说，动员他们关心热爱祖国，饮水思源，为四化建设、富国裕民做出贡献，并做了大量具体工作，起到了积极影响。

父亲的学生与挚友、美籍华裔林同棪教授是世界著名的科学家。在一次交谈中，父亲说，林教授的科研成果将会使全人类受益，并为炎黄子孙争光。你的名字由"同棪"改为"同炎"岂不是更有意义？因你现在身在美国，而心向祖国，炎黄子孙饮水思源，"同炎"二字可以表达你的心，岂不更妙！

林同炎教授欣然改名，以志热爱祖国。近年来林教授多次回国捐资、讲学。他还提议开发我国上海浦东区，前后共拟各项计划建议书达7次之多。

父亲不仅在太平洋两岸架设报国之桥，还在海峡两岸架设文化科技交流之桥。父亲生前曾任全国政协副主席，他在全国政协六届二次会议上讲道："1948年，我作为中国工程师协会会长，到台湾主持年会，许多同行都说在台湾住不惯，想回老家。他们是抗战时去的，那时才去两三年，已多有隔海望乡之感。现在都三十多年了，更想念家乡，其盼望祖国统一的心情，自然是可想而知。他们在台湾都是有影响的人物，言谈中深深流露出楚材晋用、报国无门之苦。造成这一痛苦的根源，还在于祖国大陆和台湾的长期分离。我们可以通过港澳同胞和海外侨胞多做工作，以多种形式、多种渠道同他们在文化、科技上互相交流。我们能造钱塘江大桥，能造武汉长江大

桥梁史话

桥，能在许多天堑上造起各种各样的桥，不是也可以为海峡两岸人民架起一座相互往来的跨海大桥吗？建立这样一座桥，我想会收到效果的。在这座和平统一大桥动工之前，海峡两岸的同行至少可以先修一座引桥。"

父亲为此提出了具体设想：① 大陆和台湾各学术团体的论文，可通过港澳或外国进行交换；② 国际学术团体的大陆和台湾会员可以通过该学术组织安排进行互访；③ 中国科学院的学部委员，可考虑为台湾同仁预留名额；④ 大陆有关大学和研究单位，可颁给台湾学者名誉博士学位；⑤ 大陆的国家科学奖金，可以发放给台湾的科技发明，等等。虽然父亲一再说明，这是他个人的考虑，但确实不失为大陆一侧一座引桥的上好蓝图。这张蓝图或许在将来变成像钱塘江大桥那样的现实，也能在桥梁史上占有光辉的一页。

父亲积极倡导科普教育，把科普看作中国通向现代化的桥梁。他写了大量科学性强、文字生动的科普文章，如《桥话》《中国石拱桥》《没有不能造的桥》等。还主编了《自然科学小丛书》，成为国内外知名的科普作家。他曾任中国科普协会副主席，为组织和促进中国科普创作做出了重要贡献。他特别关心青少年的成长，不辞辛苦，呕心沥血，引导青少年爱科学、学科学、用科学，献身于祖国的科学事业。

父亲一生向往光明，追求进步。新中国成立初期就阐述了"中国共产党是建设新中国的总工程师，我们工程师要紧跟着总工程师走"这样一个重要而正确的观点。自此，他从一个科技救国论者逐步转变成为共产主义者，而且在任何情况下始终不移，从不动摇。同时在他心目中还萌发了一个崇高的愿望——加入中国共产党。20世纪60年代他曾向周总理诉说了自己的心愿，总理思考一下对他讲："像你这样在国内外有较大影响的科学家，还是留在党外更便于工作。"父亲领悟了这里面的道理，感到这是党对他的信任和提出更高的要求。从此，他虽然不是共产党员，但处处以一个共产党员的标准要求自己。20年过去了，直到1986年他再一次向中央提出了自己入党的愿望。他在申请书上写道："我已年逾九十，为党工作之日日短，但加入共产党的心愿与日俱增，今后，无论是加入党组织还是继续留在党外，一切以人民的利益和国家的利益为重，为共产主义奋斗终身是我终生的愿望。"在90多岁高龄时，他光荣地加入了中国共产党。

父亲一生都在寻找建桥的起点和支点，希望在汹涌澎湃的江面上建起通途；在海外华人与大陆之间搭起共同建设祖国美好明天的彩虹；在海峡两岸描绘出团圆的经纬线；在广大人民与科技之间建立起知识的桥梁；在党和知识分子之间架桥，同时也为自己架设了一座由爱国主义者通向共产主义者的人生之桥。

但我心中的父亲一生最注重的是建造奋斗的大桥，就像他的人生格言那样："人生一征途耳，其长百年，我已走过十之七八。回首前尘历历在目。崎岖多于平坦，忽深谷，忽洪涛，幸赖桥梁以渡。桥何名欤？曰：奋斗。"

茅玉麟

2012年年初，本书收入"大家小书"出版，全国人大常委会副委员长许嘉璐先生慨然为之作序，中国科技馆原馆长张泰昌先生更是不辞辛劳，为其配图，在此一并致谢。

2012年1月补记

大家小书青春版书目

出版说明

　　"大家小书"多是一代大家的经典著作，在还属于手抄的著述年代里，每个字都是经过作者精琢细磨之后所拣选的。为尊重作者写作习惯和遣词风格、尊重语言文字自身发展流变的规律，为读者提供一个可靠的版本，"大家小书"对于已经经典化的作品不进行现代汉语的规范化处理。

　　提请读者特别注意。

北京出版社